I0831021

GRAFOLOGÍA

A LA CONDUCTA

POR LA LETRA Y EL DIBUJO

Lic. Graciela Z. Tomati

Lic. Ricardo A. Fernández

GRAFOLOGÍA

A LA CONDUCTA POR LA LETRA Y EL DIBUJO

155.282   Tomati, Graciela Z.
LOP   Grafología: a la conducta por la letra y el dibujo / Graciela Z.
           Tomati y Ricardo A. Fernández. – 5ª ed. – Buenos Aires : Bonum, 2017.
           224 p. ; 23x16 cm. - (Educación y creatividad)

           I. Fernández, Ricardo A. II. Título - Grafología

Primera edición: mayo de 2000
Quinta edicición: junio de 2017

Diseño gráfico de tapa: Guillermo Tomati
Diseño gráfico de interior: Laura Barrios

© Editorial Bonum, 2017
Av. Corrientes 6687 (C1427BPE)
Buenos Aires - Argentina
Tel./Fax: (5411) 4554-1414 (líneas rotativas)
ventas@editorialbonum.com.ar
www.editorialbonum.com.ar

Queda hecho el depósito que indica la Ley 11.723
Todos los derechos reservados

No se permite la reproducción parcial o total, el almacenamiento, el alquiler, la transmisión o la transformación de este libro, en cualquier forma o en cualquier medio, sea electrónico o mecánico, mediante fotocopias, digitalización u otros métodos, sin el permiso previo y escrito del editor. Su infracción está penada por las Leyes 11.723 y 25.446.

Impreso en Argentina
Es industria argentina

Nuestro agradecimiento a quienes colaboraron con nosotros en la producción de este libro.

A Sara Canepuccia, Raúl Ríos, María Teresa de Lilio, Jorge Rodriguez.

A los realizadores de los ejemplos analizados quienes ofrecieron desinteresadamente su contribución.

Y una mención especial para nuestra querida amiga Susana Lamaison quien con su calidez y conocimiento nos ayudó a expresar lo que queríamos transmitir con mayor claridad.

INTRODUCCIÓN

En nuestro primer libro *La Grafología como Técnica Proyectiva Gráfica* (Editorial Bonum - 1997), trabajamos las áreas de personalidad: intelectual, afectiva y social en la Morfología Grafológica.

En este segundo libro, *A la Conducta por la Letra y el Dibujo*, dirigido a todas aquellas personas que en su trabajo necesitan las Técnicas Proyectivas Gráficas, desarrollamos un **aspecto teórico** y otro **práctico** en cada una de las tres Áreas de la Conducta.

En el primer aspecto, las caracterizamos a través de **notas distintivas**, que son las señales que permiten definirlas con mayor precisión y claridad.

También presentamos la definición léxica de las mismas, la significación psicológica de cada una de ellas y su ubicación en la Morfología Grafológica. En ésta hemos considerado los siguientes aspectos gráficos: orden, dimensión, forma, presión, velocidad, dirección, inclinación, apertura, continuidad, gesto tipo, letras reflejas y firma.

Hemos destacado en **NEGRITA Y VERSALITA** la terminología correspondiente a los autores Vels, Xandró y otros, que no fue incluida en nuestra primera obra *La Grafología como Técnica Proyectiva Gráfica*. La misma se define en el Glosario.

En él empleamos las abreviaturas correspondientes a los siguientes autores: Augusto Vels (V), Mauricio Xandró (X), Isabel Sánchez Bernuy (ISB), Curt Honroth (H), Jaime Tutusaus (T).

Cabe señalar que el orden de los géneros gráficos enunciados en cada una de las notas distintivas, por una cuestión puramente didáctica, responde al presentado en nuestro libro anterior.

Otro dato que debe ser tenido en cuenta, es que las desinencias que aparecen en los adjetivos de la Morfología Grafológica, son femeninas porque concuerdan con el sustantivo tácito **escritura**.

Además, reconocemos cada una de las notas distintivas en las Técnicas Proyectivas Gráficas en general y las focalizamos en los Tests de Casa, Árbol, Persona, Wartegg (versión ampliada por C. Biedma y P. D'Alfonso) y Bender, para procurar una integración de referencias que posibilite llegar a una mayor y mejor comprensión de la persona.

Las características de los dibujos en general son válidas para la consideración e interpretación de cualquier otro trazado que el sujeto efectúe.

Para entender las particularidades que aparecen en cada uno de los tests mencionados, incluimos a manera de Capítulo I, una breve síntesis explicativa de las Técnicas Gráficas trabajadas en este libro, y recomendamos profundizar su estudio a través de la lectura de la bibliografía propuesta.

En el aspecto práctico, incorporamos dos ejemplos de cada una de las áreas, al culminar la información teórica, y, en el final de la obra, presentamos otros dos ejemplos completos, con los correspondientes informes integrados de cada uno de los mismos.

Con este trabajo perseguimos una doble finalidad: por un lado, hacer más sencilla, práctica y dinámica la búsqueda de características de personalidad y, por otro, facilitar la redacción de un informe grafopsicológico.

1

SÍNTESIS EXPLICATIVA DE LAS TÉCNICAS PROYECTIVAS GRÁFICAS:
Casa - Árbol - Persona - Wartegg - Bender

CASA

Representa la imagen de uno mismo y la percepción de la situación familiar.

<u>Simbolismo que expresan los elementos constitutivos</u>

Techo: área intelectual y de la fantasía

Paredes: fortaleza yoica

Puerta: grado de interacción social

Ventanas: modo secundario de relación con el ambiente

Chimenea: contenido fálico

Humo: tensión interna en el individuo o conflictos en la interacción familiar

Línea del suelo: grado de contacto con la realidad

Detalles: inseguridad, carencias afectivas

ÁRBOL

Transmite los sentimientos más profundos que el individuo tiene de sí y su relación con los otros.

Simbolismo que expresan los elementos constitutivos

Copa: refleja el área intelectual y de la fantasía. Zona de contacto del yo con el ambiente, el centro de relaciones de intercambio entre la subjetividad y el mundo.

Ramas: capacidad que la persona posee para relacionarse y comunicarse con los demás

Tronco: fortaleza yoica

Superficie: zona de contacto con lo externo

Contorno: límite que separa el yo del tú o el yo del mundo circundante

Raíces: simbolismo materno y grado de contacto con la realidad

PERSONA

Puede representar un autorretrato (lo que la persona es), un ideal del yo (lo que quisiera ser) o la imagen de alguien significativo (padre, hermano, etc.).

Simbolismo que expresan los elementos constitutivos

Cabeza: centro del poder intelectual

Cara: zona corporal más expresiva. Centro principal de la comunicación

Cuello: lugar de enlace entre el impulso vital (tronco) y el control racional (cabeza)

Brazos y manos: vínculo primordial del despliegue del yo y la adaptación social

Pie: función de propulsión y conducción del cuerpo, que da connotaciones de seguridad y agresividad. Símbolo sexual

Línea del contorno del cuerpo: límite entre el cuerpo y el medio ambiente

WARTEGG

Consta de dieciséis cuadros. Cada uno ofrece un estímulo que representa un problema. La solución del mismo, a través del dibujo, refleja el modo particular de cada persona para encontrar salidas a los obstáculos.

Enunciamos los diferentes elementos motivadores y lo que ellos evalúan.

Cuadro 1: Un punto
Actitud frente a los problemas

Cuadro 2: Línea ondulada
Disposición estética

Cuadro 3: Tres líneas paralelas
Originalidad

Cuadro 4: Pequeño cuadrado negro
Actividad

Cuadro 5: Dos líneas opuestas
Comportamiento voluntario

Cuadro 6: Dos rectas
Enlace de ideas

Cuadro 7: Semicírculo punteado
Comportamiento afectivo
Cuadro 8: Segmento de circunferencia en la zona superior
Conducta social

Cuadro 9: Dos rectas verticales paralelas
Ideal del yo

Cuadro 10: Línea recta horizontal
Objetividad

Cuadro 11: Línea curva y cóncava
Adaptación social

Cuadro 12: Cuadrilátero
Integración al medio

Cuadro 13: Línea recta vertical
Actividad intelectual

Cuadro 14: Punta de flecha dirigida hacia la zona inferior
Actitud frente a las dificultades

Cuadro 15: Dos curvas divergentes
Ambiente afectivo

Cuadro 16: Dos curvas convergentes
Vida interior

BENDER

Consta de nueve tarjetas. La persona debe reproducir el modelo mostrado de la forma más parecida posible.

La evaluación se realiza teniendo en cuenta los siguientes aspectos:

Posición del primer dibujo:

- En el centro debajo del margen superior: adaptación a situaciones nuevas
- Rincón izquierdo superior: timidez, inhibición, temerosidad
- Centro de la hoja: egocentrismo, narcisismo

Sucesión general de los diseños:

- <u>Muy metódica</u>: rigidez intelectual, minuciosidad, ansiedad
  encubierta, rasgos obsesivos
- <u>Ordenada</u>: plasticidad, adaptación al medio

Tamaño de los mismos:

- <u>Aumento de la dimensión en más de cinco figuras</u>: mal manejo
  de la ansiedad, excesivo nivel de aspiraciones, falta de control de la
  ambición
- <u>Disminución de 5 o más figuras</u>: bloqueo de la afectividad, depresión,
  inhibición

Dibujo:

- <u>Dificultad en el cierre de las figuras</u>: falta de adaptación al
  medio, dificultad para establecer vínculos sociales,
  perturbación emocional, bloqueo
- <u>Inconveniente en el cruce de las mismas</u>: abulia, indecisión,
  fobia
- <u>Aumento en las curvas</u>: labilidad afectiva, hiperemotividad
- <u>Curvas con tendencia a la rectangulación</u>: bloqueo afectivo

- <u>Cambios en los ángulos</u>:
    - <u>aumento</u>: represión, falta de expansión, inhibición
    - <u>disminución</u>: agresividad, hiperemotividad,
      inseguridad

Movimiento:

- <u>Contra las agujas del reloj</u>: buena adaptación
- <u>A favor de las agujas del reloj</u>: rebeldía, inadaptación

Método de trabajo:

- <u>Detallismo</u>: rasgos obsesivos, minuciosidad
- <u>Impulsividad</u>: dificultad de adaptación, ansiedad

2

DE LA ANTROPOLOGÍA A LAS ÁREAS DE LA CONDUCTA

Consideramos que la Antropología (ciencia que estudia al hombre como ser total) es indispensable como fundamento para el campo de la Psicología, ya que la personalidad y la conducta se sustentan en la originalidad de la condición humana.

Esta ciencia abarca la dimensión biológica, la psicológica y la espiritual - cultural.

Las mismas funcionan con interdependencia y constituyen la unidad del ser humano en conexión con la naturaleza y con el medio social.

De acuerdo con las escuelas de Psicología Científica (Psicoanalítica, Estructuralista o de la Forma, Reflexológica, etc.) consideramos que el psiquismo no se compone de partes o de funciones independientes unas de otras, sino que las mismas se mantienen en estrecha interrelación, constituyendo así la estructura o unidad psíquica.

La misma está integrada por fenómenos psíquicos, que expresan todas las manifestaciones con que el sujeto responde a los estímulos del medio, de acuerdo con su pasado y en función de su proyecto de vida, y que se observan, tanto a través de la conducta interna, como a través de la externa.

José Bleger, siguiendo a Enrique Pichón Riviere, considera tres tipos de fenómenos denominados Áreas de la Conducta:

- fenómenos mentales
- fenómenos corporales
- fenómenos de actuación sobre el mundo externo

Nosotros, siguiendo a los autores mencionados, trabajamos las manifestaciones de la conducta en las Áreas de la Personalidad:

- intelectual
- afectiva
- social

Solamente y con fines didácticos vamos a trabajar sobre la dimensión psicológica y, dentro de ella, en las tres áreas por separado.

3

ÁREA INTELECTUAL

Cuando hablamos de Área Intelectual nos referimos a todas aquellas manifestaciones denominadas **fenómenos mentales**.

Éstos se presentan en cada persona de diferente manera, según su estructura de personalidad.

Para llegar a tener un buen rendimiento y lograr los objetivos previstos, es necesario contar con un satisfactorio nivel intelectual, claridad de ideas, capacidad para analizar, sintetizar y reflexionar, todas condiciones indispensables para planear y organizar acciones determinadas.

Para esto, también son importantes los registros de experiencias vividas para volcarlas a las situaciones presentes, así como un considerable nivel de concentración y una captación intuitiva de la realidad.

Es indispensable, además, un buen talento creador para tener una adaptación activa al medio, que permita a la persona modificarlo, transformarse y realizar su proyecto de vida.

Las notas distintivas trabajadas en esta área son:

- Buen Nivel
- Orden
- Reflexión
- Capacidad de Organización
- Intuición
- Creatividad
- Memoria
- Concentración
- Rendimiento

BUEN NIVEL

<u>*Definición Léxica*</u>:

Buen: de bueno, na: (adj.) que tiene bondad en su género.

Nivel: altura que una cosa alcanza o a que está colocada. Igualdad o equivalencia en cualquier línea o especie.

<u>*Significación Psicológica*</u>:

Capacidad intelectual que posee una persona para enfrentar y resolver con inteligencia situaciones, y que, a su vez, le permite una adaptación activa al medio que la rodea.

Ubicación Grafológica:

ORDEN

Clara - Organizada - Cuidada - Proporcionada con leve predominio zona superior - Legible sin exceso - Márgenes regulares - Signos de puntuación precisos

DIMENSIÓN

Mediana a grande

FORMA

Tipográfica - **SIMPLIFICADA** - Angulosa - Original - Filiforme

PRESIÓN

Firme - Profunda - Relieve alto

VELOCIDAD

Rápida

DIRECCIÓN

Horizontal - Mínimamente ascendente

INCLINACIÓN

Moderadamente inclinada o dextrógira leve

APERTURA

Abierta arriba a la derecha

CONTINUIDAD

AGRUPADA - COMBINADA - PROGRESIVA

GESTO TIPO

Golpe de sable - Arpón

LETRAS REFLEJAS

"i" punto ligado a la letra siguiente
"p" en pinza - "t" barra unida al grafismo continuo

FIRMA

A la derecha - Rápida - Equilibrio firma / texto

Observación en los Tests:

Dibujos
- Diseños nítidos, bien delimitados
- Proporción en sus distintas partes
- Distribución armoniosa, en las diferentes zonas del espacio
- Buena sucesión
- Definido contraste entre figura y fondo
- Tamaño de mediano a grande
- Mezcla de ángulos y curvas
- Originalidad
- Dibujos simples, sencillos
- Presión fuerte
- Rapidez en la ejecución, por la sencillez de su trazado
- Realización espontánea, sin pérdida de las formas

Casa - Árbol - Persona
- Dibujos de altura acentuada, sin alterar su proporción
- Paredes, tronco del árbol y de la persona, de trazos fuertes, seguros y continuos
- Ramas del árbol, brazos y manos de la persona con movimientos espontáneos
- Ramas en todas direcciones, armoniosas, abiertas, paralelas, centrífugas
- Cabeza orientada al frente
- Cuello de dimensión media

Wartegg
- Resolución del problema presentado por el estímulo "punto", donde éste ha sido empleado formando parte del dibujo, en el cuadro 1
- Realización de dibujos originales (ej.: barcos, montañas, paraguas, paracaídas, útiles profesionales), en el 3
- Unión de las dos líneas en un solo motivo, en el 6

Bender
- Sucesión ordenada de las distintas figuras, permitiéndose hasta una o dos excepciones
- Buena separación entre las mismas, sin rigidez
- Ubicación del primer dibujo en el centro de la hoja, por debajo del margen superior

- Dimensión adecuada al tamaño del motivo presentado en las tarjetas
- Contacto preciso entre las partes de las tarjetas 1, 4, 6, 7 y 8
- Correcto manejo del movimiento curvo y recto, en la 1 y 4

ORDEN

Definición Léxica:

Orden: colocación de las cosas en el lugar que les corresponde, concierto, buena disposición de las cosas entre sí. Regla o modo que se observa para hacer las cosas. Serie o sucesión de las mismas.

Significación Psicológica:

Secuencia lógica que indica claridad mental, disciplina, atención, organización, sistematización y regulación en los procesos del pensamiento.

Cualidad cada vez menos frecuente y por lo tanto más apreciada en todos los ámbitos del quehacer.

Ubicación Grafológica:

ORDEN

Cuidada - Proporcionada - Organizada - Legible - Márgenes parejos - Puntos y aparte regulares - Armonía entre el texto y el espacio en blanco - Texto ordenado en el sobre

DIMENSIÓN

Uniforme

FORMA

SIMPLIFICADA - Sencilla - ARMÓNICA - Caligráfica

PRESIÓN

Tensión y profundidad medianas

VELOCIDAD

MODERADA O PAUSADA

DIRECCIÓN

Horizontal - Sin rigidez

INCLINACIÓN

Moderadamente inclinada o dextrógira leve

APERTURA

Cerrada a la derecha

CONTINUIDAD

Ligada -Regular, principalmente en tamaño, dirección e inclinación

GESTO TIPO

Arpón - Trazo final claro

LETRAS REFLEJAS

"i" punto colocado con precisión - "M" hampas equilibradas - "t" barra definida, de igual dimensión, forma, etc.

FIRMA

Clara - A la derecha debajo del texto - Coherencia texto / firma
Rúbrica sencilla

Observación en los Tests:

Dibujos

- Trazados limpios, exactos, transparentes, definidos
- Espacios en blanco que ofrecen a la figura un fondo o contorno bien neto
- Proporción entre las diferentes partes
- Secuencia normal
- Líneas que no se confunden entre sí
- Tamaño de mediano a pequeño y parejo
- Diseños reducidos a sus rasgos esenciales y esquemáticos en su zona superior
- Presión constante sin exageración
- Trazos rectos y no rígidos, continuos y regulares
- Movimientos horizontales y verticales sin cambios

Casa - Árbol - Persona

- Dibujos completos, sin omisión de partes y sin accesorios
- Paredes y troncos de trazos fuertes, rectos y bien delimitados
- Copa cerrada
- Ramas en dos direcciones y abiertas
- Raíces ocultas
- Cabeza orientada al frente

Wartegg

- Unión de las dos líneas en un solo motivo (ej.: casas, vehículos, figuras geométricas), en el cuadro 6

Bender

- Secuencia ordenada
- Presentación del primer dibujo en el centro, ligeramente debajo del margen superior
- Empleo de una hoja, con separación normal entre figuras
- Respeto por el tamaño del estímulo
- Buen cierre de las tarjetas A, 4, 5, 6, 7 y 8

REFLEXIÓN

<u>Definición Léxica</u>:

Reflexión: acción y efecto de reflexionar, de considerar nueva o detenidamente una cosa.

<u>Significación Psicológica</u>:

Posibilidad de pensar, discurrir, deliberar, examinar, discernir, razonar.

Detención voluntaria que realiza la persona, antes de decidir y actuar.

En oposición está el impulso, la primariedad, el acto reflejo, el automatismo y la improvisación.

El sujeto reflexivo tiene una actitud positiva que le permite pensar, medir, comparar, establecer valores y conclusiones útiles para él y para los demás.

Ubicación Grafológica:

ORDEN

Clara - Cuidada - Concentrada - **ORDENADA** - Proporcionada con leve predominio de zona superior - Márgenes encuadrados - Puntuación precisa

DIMENSIÓN

Contenida - Apretada - Pequeña - Decreciente - Uniforme - Sobria

FORMA

Angulosa - Sencilla - **SIMPLIFICADA** - Coligamentos en arco, en ángulo

PRESIÓN

Firme - Profunda - **VERTICAL** - Relieve notorio

VELOCIDAD

MESURADA O PAUSADA - Lenta

DIRECCIÓN

RECTILÍNEA - Horizontal

INCLINACIÓN

Vertical o recta - Moderadamente inclinada o dextrógira leve - Invertida

APERTURA

Óvalo cerrado por la izquierda

CONTINUIDAD

Ligada - Regular - Mayúscula separada de la minúscula siguiente, con rasgo inicial más o menos curvo y alargado

GESTO TIPO

Triángulo - Arco - Final corto, inhibido, mesurado, regular

LETRAS REFLEJAS

"i" punto retrasado, centrado
"t" barra a la izquierda, centrada, mitad delante mitad detrás del hampa

FIRMA

Centrada - Vertical - Leve predominio sobre el texto - Alejada del mismo
Rúbrica sencilla, con un punto innecesario, con ángulo a la derecha
Firma y rúbrica en un solo trazo

Observación en los Tests:

Dibujos
- Inteligibilidad y precisión
- Proporción en todos los elementos constitutivos, con cierto aumento en las partes superiores
- Armonía con relación al espacio en blanco
- Pequeñez
- Carencia de rasgos secundarios
- Figuras de formas definidas
- Falta de complicaciones inútiles
- Esquematismo en la zona superior
- Presión firme
- Trazos rectos, angulosos y tendencia a disminuir todo lo que es curvo
- Tamaño, presión y ubicación espacial, parejos
- Líneas continuas
- Planificación previa a la realización

Casa - Árbol - Persona
- Techo, copa, cabeza, levemente predominantes
- Paredes y troncos con trazos firmes
- Ventanas y puertas pequeñas
- Camino de acceso ausente
- Punta del tronco o de la mayor parte del ramaje, dobladas a la izquierda
- Ramas cortas, con dirección hacia la zona superior y con cierta armonía
- Contorno nítido del cuerpo
- Cuello largo y fino
- Brazos y manos pegados al cuerpo

Wartegg
- Unión de las dos líneas en un solo motivo, en el cuadro 6.
- Prevalencia de lo intelectual en el contenido del dibujo (ej.: libro, escuela), en el 13

Bender
- Sucesión metódica
- Cercanía del primer dibujo al margen superior izquierdo
- Separación de las figuras de manera rígida

- Dimensión de normal a pequeña, con respecto a la tarjeta
  estímulo
- Mayor precisión en el rombo que en el círculo, en la
  tarjeta A
- Rectas mejor logradas que las curvas, en la 4
- Tendencia a disminuir todo lo que es redondeado, con líneas
  más rectas o angulosas, en la 7

CAPACIDAD DE ORGANIZACIÓN

<u>*Definición Léxica*</u>:

Organización: acción y efecto de organizar u organizarse.

Organizar: establecer o reformar algo para lograr un fin, coordinando los medios y las personas adecuadas. Poner algo en orden.

<u>*Significación Psicológica*</u>:

Capacidad de componer, ordenar, pautar, dar lineamientos, asistir, proveer los medios, coordinar, corregir, estimular y hacer rendir adecuadamente a las personas convocadas a determinados efectos.

Ubicación Grafológica:

ORDEN

Clara - Cuidada - Concentrada - Proporcionada - **ORDENADA** - Márgenes regulares - Puntos colocados con regularidad y exactitud

DIMENSIÓN

Pequeña - Mediana

FORMA

Sencilla - Angulosa

PRESIÓN

Firme

VELOCIDAD

MODERADA O PAUSADA

DIRECCIÓN

Horizontal

INCLINACIÓN

Vertical o moderadamente inclinada

APERTURA

Cerrada

CONTINUIDAD

Ligada - Regular

GESTO TIPO

Rasgo inicial largo

LETRAS REFLEJAS

"i" punto regular y preciso - "t" barra pareja y definida - "p" en pinza

FIRMA

Espaciada - Bien situada
Rúbrica correctamente ubicada, realizada antes de firmar, con vuelta para hacer la inicial de la firma

Observación en los Tests:

Dibujos

- Armonía en el trazado del dibujo con relación al espacio en blanco
- Proporción entre las diferentes partes del mismo
- Delimitación apropiada de las figuras
- Ubicación adecuada de cada una de las partes
- Simetría entre zonas derecha e izquierda
- Diseños de pequeños a medianos
- Ausencia de elementos no solicitados en la consigna correspondiente
- Líneas rectas
- Presión vertical
- Regularidad marcada
- Planeamiento previo

Casa - Árbol - Persona

- Imágenes bien plantadas, perpendiculares a la base
- Troncos y paredes trabajados con mayor énfasis
- Ramas armoniosas en diferentes direcciones
- Zona inferior de la figura humana (piernas, pies) correctamente trabajada

Wartegg

- Empleo del "punto" como inicio de una línea (ej.: ojos, dados, flores, plantas y animales), en el cuadro 1
- Ampliación del tema (ej.: banderas, dados, figuras geométricas, casas, torres u otros edificios), en el 4
- Proyección del dibujo hacia la parte inferior (ej.: armas, paraguas, paracaídas, juguetes), en el 13

Bender

- Sucesión ordenada
- Ubicación del primer dibujo en el centro, ligeramente por debajo del margen superior
- Distribución correcta de las figuras en la hoja
- Respeto por el tamaño del elemento estímulo
- Modificaciones en la curvatura con tendencia a la rectangulación
- Sustitución de ángulos agudos por rectos u obtusos

INTUICIÓN

Definición Léxica:

Intuición: percepción íntima e instantánea de una idea o una verdad, tal como si se tuviera a la vista, sin razonamiento.

Significación Psicológica:

La intuición es un modo de conocimiento primitivo o primario, previo a la formación del concepto y del juicio.

Es una captación inconsciente que nos permite comprender de forma clara y casi inmediata, las ideas y lo que sucede a nuestro alrededor, y tomar decisiones sin que intervenga ningún proceso de reflexión.

Ubicación Grafológica:

ORDEN

Desproporcionada - Zona superior de tamaño irregular - Puntos altos y finos, adelantados - Signos de puntuación imprecisos

DIMENSIÓN

Sobrealzada - Pequeña - Lanzada - Creciente

FORMA

Original - Tipográfica - Redondeada

PRESIÓN

FINA O LIGERA

VELOCIDAD

Rápida

DIRECCIÓN

Sinuosa - Serpentina

INCLINACIÓN

Desigual

APERTURA

Abierta a la derecha y arriba

CONTINUIDAD

Desligada - AGRUPADA - FRAGMENTADA - Mayúscula separada de la letra siguiente - Irregular

GESTO TIPO

Bucle en zona superior

LETRAS REFLEJAS

"i" suelta, danzante
"t" barra colocada delante del hampa

FIRMA

Rápida - Clara - Desligada - Fragmentada

Observación en los Tests:

Dibujos
- Ilustraciones ubicadas preferentemente en la zona superior del espacio
- Desproporciones en las mismas
- Figuras de ejecución original
- Formas curvas
- Presión fina o ligera
- Carencia de contraste figura / fondo
- Fragmentación en las partes de los diseños
- Puntos de unión dificultosos
- Planificación escasa

Casa - Árbol - Persona
- Ilustraciones que privilegian la altura sobre la anchura
- Paredes y troncos de contorno difuso
- Ventanas y puerta sin cerrar y con camino de acceso
- Ramas abiertas en todas las direcciones del espacio
- Ojos, nariz, boca y oídos destacados con preferencia a otras partes de la persona
- Brazos separados del cuerpo
- Manos notorias

Wartegg
- Trazados de motivos diferentes, con las dos líneas, separados y con una relación entre ambos (ej.: comida y bebida), en el cuadro 6
- Inclusión de dos líneas curvas en la parte superior e inferior que componen un motivo (ej.: recipiente, mueble), en el 9

Bender:
- Secuencia irregular
- Ubicación del primer dibujo en el centro, debajo del margen superior
- Distribución despareja, ya más cercanas, ya más alejadas, de las figuras en el espacio
- Dificultad en los puntos de unión de los diseños
- Aumento de las curvas
- Dimensión incrementada del círculo con relación al rombo, en la tarjeta A
- Curvatura aumentada respecto de las líneas rectas, en la 4

CREATIVIDAD

Definición léxica:

Creatividad: facultad de crear. Capacidad de creación.

Crear: producir algo de la nada.

Creación: acción de crear, establecer o instituir. Obra de ingenio, de arte o artesanía muy laboriosa o que revela una gran inventiva.

Significación Psicológica:

La creatividad no se agota únicamente en la creación artística. Es una inquietud constante, de mirar, escuchar, oír, tocar, sentir todo, con una disposición diferente.

Es también la originalidad para enfrentar los problemas o dificultades que presenta la vida, con una respuesta novedosa e imaginativa que solucione los mismos.

La flexibilidad para ver las cosas ayuda a que podamos actuar creativamente, aún ante los fracasos, y sacar provecho de ellos.

Ubicación Grafológica:

ORDEN

Desproporcionada - Hampa alta - Espaciado entre líneas

DIMENSIÓN

Sobrealzada - Desigual - Movida

FORMA

Curva - Original - Filiforme - Complicada

PRESIÓN

Profunda - Relieve marcado

VELOCIDAD

Rápida

DIRECCIÓN

Ascendente - Sinuosa - Serpentina - Desigual

INCLINACIÓN

Inclinada

APERTURA

Abierta a la derecha

CONTINUIDAD

Desligada - Desigual - Irregular

GESTO TIPO

Lazo - Espiral

LETRAS REFLEJAS

"d" curvada hacia la derecha - "f" predominio del bucle de la zona superior
"s" de simple trazo ondulado

FIRMA

Mayor desarrollo de la zona superior
Firma y rúbrica ascendentes

Observación en los Tests:

Dibujos
- Tendencia a ocupar la zona media y superior
- Desproporción entre las distintas partes del dibujo
- Modificación posible de la secuencia esperada
- Falta de simetría
- Tamaño grande y cambiante
- Formas originales y compuestas por curvas
- Líneas bosquejadas
- Presión débil y variable
- Alternancia de trazos anchos y finos
- Rapidez en la realización
- Diseños con movimiento
- Desunión en los cruces de las partes de las figuras

Casa - Árbol - Persona
- Techo, copa y cabeza predominantes
- Paredes y troncos con líneas débiles
- Nubes incorporadas al paisaje
- Chimenea presente
- Copa esférica
- Ramas frontales en tercera dimensión
- Otras, orientadas hacia la zona superior en forma irregular

Wartegg
- Transformación del estímulo con nuevas líneas, con predominio de dibujos originales sobre los populares (ej.: relojes, soldados, vestidos del sexo opuesto), en el cuadro 3
- Dibujo proyectado en la parte superior (ej.: sol, pesas, mapas, partes del cuerpo), en el 13

Bender
- Secuencia despareja
- Distribución irregular de las figuras sobre la hoja
- Giro en la posición del papel o de la tarjeta
- Aumento general del tamaño de algunas figuras
- Dificultad en el cierre de las mismas
- Sobredimensión del círculo con relación al rombo, en tarjeta A
- Variación de tamaño y cantidad de los puntos propuestos, en la 1
- Ampliación del ángulo, en la 3
- Incremento de la curvatura, en la 6

MEMORIA

Definición Léxica:

Memoria: potencia del alma por medio de la cual se retiene y recuerda el pasado.

Significación Psicológica:

Es un complejo proceso psicológico que consiste en fijar y conservar vivencias, sensaciones, sentimientos, conocimientos, que pueden ser posteriormente evocados por medio de asociaciones, y cuyo reconocimiento y localización en el tiempo y en el espacio, nos aseguran su condición de **recuerdo de un hecho real** y no de una mera ficción o fantasía.

Ubicación Grafológica:

ORDEN

ORDENADA - Concentrada - Organizada - Cuidada - Clara - Legible - Margen izquierdo pequeño, regular - Puntos y acentos a la izquierda, regulares y precisos

DIMENSIÓN

Pequeña - Uniforme - Decreciente - CONDENSADA

FORMA

Redondeada - CURVA - Tipográfica - Caligráfica

PRESIÓN

PESADA O GORDA - Firme - Profunda - Relieve acentuado - NETA O LIMPIA NUTRIDA

VELOCIDAD

Rápida - MODERADA O PAUSADA

DIRECCIÓN

Horizontal

INCLINACIÓN

VIBRANTE

APERTURA

Cerrada

CONTINUIDAD

Ligada - REGRESIVA

GESTO TIPO

Arco - Rasgo inicial largo

LETRAS REFLEJAS

"a" y "o" circulares - "i" punto a la izquierda - "r" y "s" con ángulos
"t" hampa precedida de un rasgo inicial largo y barra extensa situada a la izquierda

FIRMA

Legible - Con zona izquierda más desarrollada - Con predominio del nombre - De igual tamaño que el texto - Rúbrica envolvente

Observación en los Tests:

Dibujos:
- Tendencia a ocupar la zona izquierda de la hoja
- Respeto por la secuencia esperable en cada dibujo
- Predominio del lado izquierdo en los diseños
- Tamaño pequeño
- Preeminencia de líneas curvas
- Originalidad en las formas
- Profundidad en la presión
- Predisposición regresiva en algunos trazados
- Trabajo metódico y detallista

Casa - Árbol - Persona
- Techo predominante sobre el resto de las partes de la casa
- Ventanas, altillos, balcones, ubicados en el mismo
- Chimenea humeante
- Camino de acceso achicado en su acercamiento a la puerta
- Copa lineal que cubre el despliegue de las ramas
- Ramaje mayor en zona izquierda
- Ramas cerradas
- Raíces destacadas
- Cabeza notoria con rasgos faciales bien delimitados

Wartegg
- Prolongación de la línea hacia lo alto (ej.: figuras geométricas, vehículos, muebles, deportes, útiles), en el cuadro 10
- Propensión a continuar el estímulo hacia el lado izquierdo (ej.: banderas, paraguas, árbol, edificios), en el 13

Bender
- Secuencia muy metódica
- Emplazamiento del primer dibujo en el rincón izquierdo superior
- Proclividad a disponer los dibujos bordeando el margen izquierdo de la hoja
- Espacio reducido entre las figuras
- Disminución del tamaño de las mismas con relación a la tarjeta estímulo
- Ausencia de alteraciones en el formato
- Realización de los círculos en forma, número y tamaño correspondientes a los propuestos, en la tarjeta 2
- Extensión de los dos últimos ángulos por el agregado de puntos, en la 3

CONCENTRACIÓN

Definición Léxica:

Concentración: acción y efecto de concentrar o concentrarse. Reunir en un punto o centro lo que estaba separado.

Significación Psicológica:

Centralización de la atención, durante un período de tiempo, en un objeto externo o interno, favorecida por el interés y por la voluntad.

La concentración es fundamental para un buen funcionamiento de la percepción, de la memoria y de las funciones superiores de la inteligencia (conceptualizar, juzgar, razonar).

Ubicación Grafológica:

ORDEN

Concentrada - Cuidada - **ORDENADA** - Clara - Legible - **COMPENSADA** - Margen derecho regular Puntuación precisa - Puntos y aparte ordenados respetando la sangría

DIMENSIÓN

Pequeña - Muy pequeña - Uniforme - Apretada

FORMA

Angulosa - Caligráfica

PRESIÓN

Profundidad media

VELOCIDAD

MESURADA O PAUSADA

DIRECCIÓN

Horizontal

INCLINACIÓN

Recta o vertical

APERTURA

Cerrada

CONTINUIDAD

Ligada - **AGRUPADA** - Regular

GESTO TIPO

Arpón

LETRAS REFLEJAS

"i" punto regularmente situado - "r" y "s" con ángulos

FIRMA

Centrada

Observación en los Tests:

Dibujos
- Precisión, inteligibilidad
- Discriminación de los elementos gráficos
- Privilegio del espacio en blanco sobre el dibujo
- Realización de los diseños de la zona media hacia la izquierda
- Dimensión pequeña
- Angulosidad y rectitud lineal
- Presencia de rasgos esenciales
- Falta de originalidad
- Presión fuerte y constante
- Continuidad en las líneas
- Posible presencia de borrados y de retoques moderados
- Planeamiento previo y detallismo

Casa - Árbol - Persona
- Techo, copa y cabeza con predominio leve
- Copa esférica y tensa
- Ramas armónicas y en sentido centrípeto
- Ojos y orejas destacados, boca pequeña
- Cuello proporcionado al tamaño de la figura
- Brazos cercanos al cuerpo

Wartegg
- Hallazgo de salida por el toque del estímulo, en el cuadro 1
- Unión de líneas en un solo diseño o vinculación temática del dibujo emergido de cada línea, sin dispersión del contenido de ambos, en el 6
- Trazado sobre la línea (ej.: vehículos, recipientes), en el 10

Bender
- Orden muy metódico
- Utilización de una hoja y concentración de los dibujos
- Regularidad en la secuencia
- Discriminación efectiva entre figuras
- Logro apropiado de las formas
- Conservación de ángulos y de curvaturas
- Ejecución lenta
- Esbozo de las líneas en sentido contrario al movimiento de las agujas del reloj
- Cierre apropiado de las tarjetas A, 4,5,6,7 y 8

RENDIMIENTO

Definición Léxica:

Rendimiento: producto o utilidad que da una persona o cosa..

Significación Psicológica:

Es el resultado esperable, frente a una situación pautada.

Exige una buena disposición y se debe contar con un satisfactorio nivel intelectual, objetivos claros, capacidad de organización, constancia, esfuerzo y aprovechamiento del tiempo.

Ubicación Grafológica:

ORDEN

Clara - Legible - Organizada - Cuidada - Proporcionada - **ORDENADA** - Margen inferior pequeño - Signos de puntuación precisos

DIMENSIÓN

Mediana - Uniforme - Sobria

FORMA

Tipográfica - **SIMPLIFICADA** - Sencilla - Mezcla de ángulo y curva

PRESIÓN

Firme - Profunda - Relieve ostensible - **NUTRIDA**

VELOCIDAD

Rápida

DIRECCIÓN

Horizontal - Mínimamente ascendente

INCLINACIÓN

Moderadamente inclinada o dextrógira leve - Vertical o recta

APERTURA

Cerrada a la derecha y arriba

CONTINUIDAD

Ligada - Regular - **PROGRESIVA**

GESTO TIPO

Arpón - Final ascendente u horizontal

LETRAS REFLEJAS

"d" con leve predominio del hampa, sin ornamento
"i" punto preciso - "r" ángulos bien logrados - "s" predominio de ángulo
"t" barra regular

FIRMA

A la derecha - Coherencia firma / texto - Rúbrica pequeña
Firma y rúbrica ascendentes, presionadas

Observación en los Tests:

Dibujos

- Inclinación a ocupar diferentes zonas de la hoja, manteniendo un equilibrio espacial
- Respeto de la secuencia esperable en cada bosquejo
- Proporción entre las diversas partes del mismo
- Dimensión mediana
- Plenitud en los dibujos
- Simplicidad y originalidad en el esbozo de los mismos
- Firmeza en la línea
- Acertado relieve en las imágenes
- Tendencia progresiva en los trazados
- Planificación anticipada

Casa - Árbol - Persona

- Diseños en sentido perpendicular a la base del papel
- Paredes y troncos firmes, fuertes y relevantes
- Árbol y persona en movimiento
- Puertas y ventanas semiabiertas
- Camino de acceso ensanchado hacia afuera
- Ramas abiertas en dos dimensiones dirigidas hacia diversos puntos
- Ausencia de copa que encierre las ramas
- Raíces no visibles
- Cara de rasgos nítidos y bien delineados
- Piernas y pies elaborados

Wartegg

- Empleo del punto y su inserción en una línea (ej.: figuras humanas en movimiento, vehículos, animales, flores, plantas), en el cuadro 1
- Ampliación del tema (ej.: banderas, barcos, casas, dados, figuras geométricas), en el 4
- Entrecruzamiento de las rectas (ej.: armas, aviones, herramientas, ciudades, calles), en el 5
- Permanencia de las puntas (ej.: paraguas, plantas de adorno, juegos, frutos), en el 14

Bender

- Sucesión ordenada
- Centralización del dibujo ligeramente por debajo del margen superior
- Distribución espacial armoniosa
- Empleo de no más de dos hojas de papel
- Buen encuadre de las figuras sin apoyo marginal
- Coherencia en la relación de tamaños del diseño con el de la tarjeta estímulo
- Precisión en los puntos de contacto de las figuras
- Posibilidad de realización, tanto de líneas rectas como curvas, en la tarjeta A
- Respeto por la cantidad y forma en la realización de los puntos, en la 1
- Semejanza de la angulación, en la 3
- Trazado bien logrado con pequeño aumento del plano vertical, en la 7

Ejemplo 1

Mujer - 31 años

Rasgos más destacados

LETRA

Orden
    Margen izquierdo normal
Margen derecho ancho, irregular
Proporcionada
Punto semejante a un ave en vuelo

Dimensión
    Media con cierta uniformidad
Sobria

Forma

Curva con algún ángulo
Sencilla
Coligamento en guirnalda y ángulo

Presión

Débil - Superficial

Velocidad

Moderada o pausada

Dirección

Horizontal y sinuosa en los primeros renglones, descendente en los últimos

Inclinación

Moderadamente inclinada

Apertura

Cerrada a la izquierda, alguna a la derecha

Continuidad

Ligada
Agrupada
Regular

Gesto tipo

Final normal con alguno corto
Arpón
Bucle

Letras reflejas

"d" con bucle en el hampa
"s" con triángulo en la base
"t" con barra variable

Firma

A la derecha - Ilegible - Con iniciales

CASA

- Sencilla, elemental
- Predominio del espacio en blanco sobre el dibujo
- Presión débil
- Interrupción en la continuidad de las líneas
- Techo notorio
- Chimenea en zona izquierda con humo
- Puerta y ventanas pequeñas, vacías, cerradas
- Camino estrechado al llegar a la puerta

ÁRBOL

- Preponderancia del diseño, con escaso espacio en blanco
- Tronco destacado con líneas onduladas
- Copa menor que lo esperado
- Ramas simples y dobles, abiertas en distintas direcciones
- Raíces visibles, en raya

PERSONA

- Perpendicular a la base
- Proporcionada
- Simétrica
- Con líneas esbozadas
- Cabeza orientada al frente
- Cara de rasgos nítidos y bien delimitados
- Cuello delgado de dimensión media
- Brazo derecho detrás del cuerpo, izquierdo pegado al mismo
- Piernas juntas, pie orientado a la izquierda

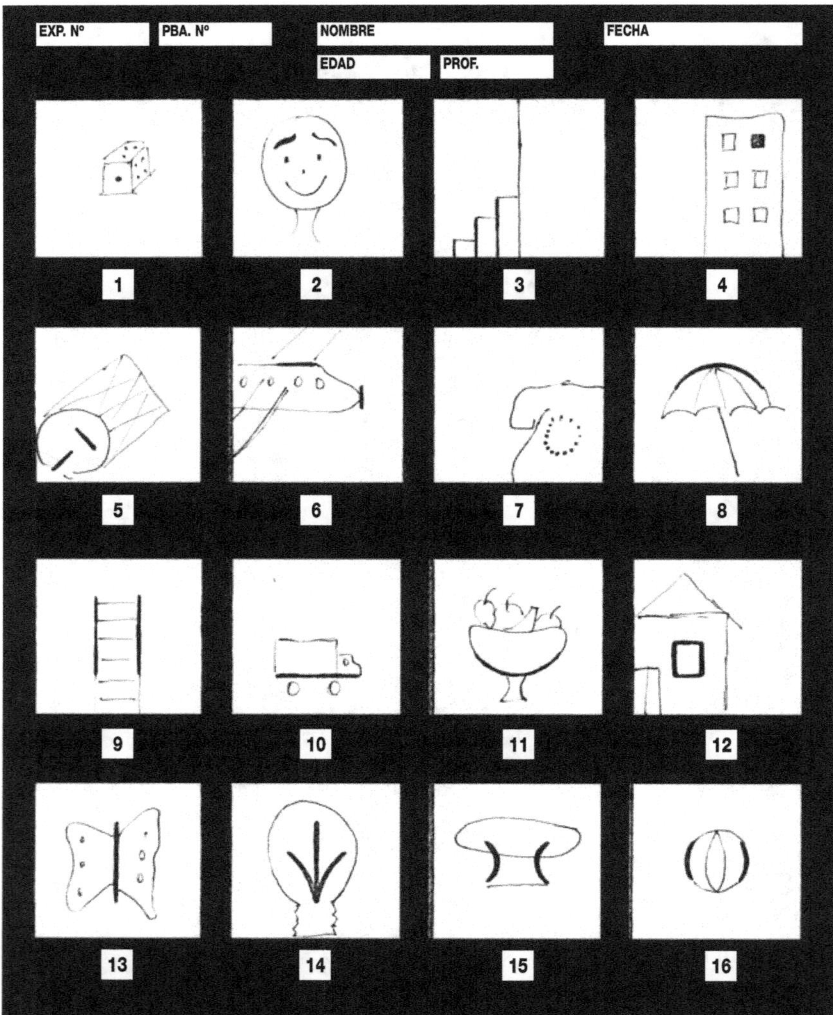

WARTEGG

- Utiliza el estímulo como parte del dibujo sin tocarlo, en el cuadro 1
- Continua con líneas rectas, en el 3
- Amplía el tema, en el 4
- Une las líneas en un solo diseño, en el 6
- Realiza el dibujo en la zona media con elementos en la zona inferior, en el 10
- Compone un motivo a partir del toque del estímulo, emplazado en la zona media hacia la izquierda y la derecha, en el 13

BENDER

- Secuencia ordenada
- Formas apropiadas
- Ubicación del primer dibujo, en el centro, por debajo del margen superior
- Empleo de dos hojas
- Buena separación entre trazados
- Tamaño de figuras respetado (excepto en tarjeta 7 y 8)
- Diseños cerrados, con pequeñas irregularidades
- Líneas rectas mejor logradas que las curvas, en la A y 4
- Aumento del plano vertical, en la 7 y 8
- Separación entre las dos partes de la figura, en la 4

Interpretación Psicológica

Se trata de una persona con buen nivel intelectual, que le permite ser dinámica en la resolución de situaciones, y con buena canalización de energía, tiempo y esfuerzo.

Presenta razonamiento lógico, orden mental, claridad y asociación de ideas, ya que puede distinguirlas de manera precisa y ver las problemáticas que la vida le plantea.

Tiende a centrarse en sus pensamientos. Es de principios rígidos y no se mueve de su postura una vez tomada la decisión, pero puede dejar abierta la posibilidad de ser aconsejada por otros.

Es capaz de analizar y entrar en detalles para relacionarlos y recomponerlos y llegar así a una conclusión general.

Tiene capacidad de organización, de planeamiento, pues cuenta con condiciones para elaborar un plan global, criteriosamente diseñado, el cual le hace posible alcanzar el objetivo perseguido, en un tiempo preestablecido.

Posee disposición para la observación, dispersión de actividades y poder de concentración, lo que le facilita ser rigurosa en la ejecución de los trabajos.

Hay una leve contradicción en el proceso de reflexión-acción ya que no siempre lleva a la práctica las cosas que desea.

Detenta objetividad dado que puede advertir y evaluar las características del mundo externo sin que interfiera lo personal o subjetivo.

También es realista, con sentido práctico, porque privilegia la realidad objetiva y el mundo exterior sobre los sentimientos, con autenticidad y exactitud.

Su creatividad, su imaginación y su ensoñación se manifiestan de manera limitada, como consecuencia de que la razón y el pensamiento lógico predominan en su conducta.

El rendimiento se presenta disminuido con relación a sus potencialidades, cuando la realidad le opone dificultades, y pierde la confianza en sus ideas.

Mi terapeuta me pidió que escribiera un texto sobre el tema que yo quisiera. Y si hay un
tema que me gusta, ése es la Música. Amo la
música desde siempre, creo que desde que
nací. Vengo de una familia de músicos, por eso
digo que desde siempre amo la música.
Mi formación fue clásica y popular. Porque
estudié en un Conservatorio donde hice mi
carrera docente y por otro lado recibí de
mi padre el amor por nuestra música popular
(folclore, tango, etc.).
Si bien mi profesión es la docencia, mi
verdadera vocación es cantar. Si me preguntan
"¿Qué tipo de música te gusta cantar?" respondo
"¡de todo!" (menos la lírica, no es lo mío). Hoy
estoy tratando que esta vocación de cantar
se convierta en mi profesión. Ojalá que
lo logre. Lo estoy intentando.

Rasgos más destacados

LETRA

Orden

Descuidada
Desproporcionada
Hampas altas
Márgenes menores a la norma
Signos de puntuación altos, adelantados, imprecisos

Dimensión
Grande
Alta

Forma
Redondeada
Original

Presión
Profunda
Relieve notorio

Velocidad
Rápida

Dirección
Ascendente
Sinuosa
Serpentina

Inclinación
Moderadamente inclinada

Continuidad
Cohesión desigual
Mayúscula desligada
Irregular
Borrado y retoque

Gesto tipo
Bucle
Lazo
Espiral

Letras reflejas
"s" con curva en la base

Firma
Cercana al texto - Inicial del nombre unida a la del apellido
Firma y rúbrica ascendentes

CASA

- Bosquejos lineales
- Desproporcionada
- Grande
- Techo con curvas
- Puerta grande
- Camino de acceso
- Ventanas con cortinas
- Paisaje

ÁRBOL

- Copa predominante y esférica
- Tronco de contorno bosquejado
- Ramas difusas orientadas hacia la zona superior, en forma irregular

PERSONA

- Figura del sexo opuesto
- Presión débil y variable
- Apoyatura insegura
- Rasgos faciales destacados
- Brazos separados del cuerpo
- Cuello corto
- Bolsillos en la zona inferior
- Piernas separadas
- Pies en distinta dirección

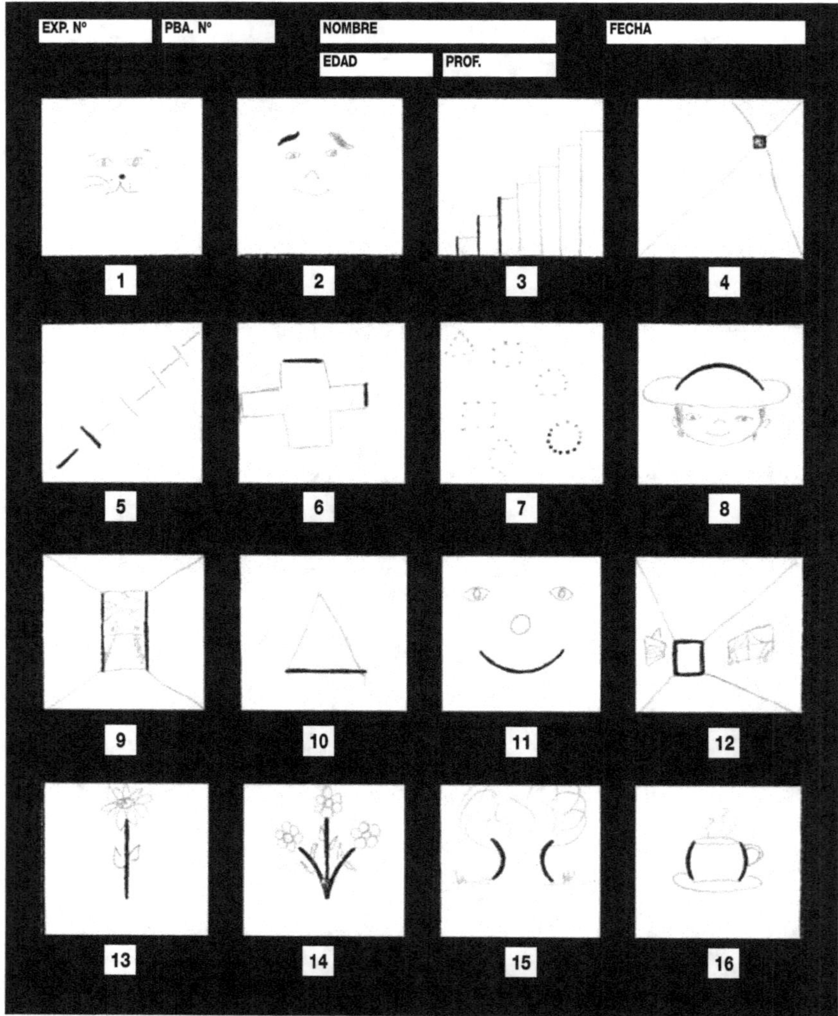

WARTEGG

- Rectas verticales y horizontales hacia la zona superior derecha, en el cuadro 3
- Líneas unidas en un solo motivo elemental, en el 6
- Estímulo prolongado hacia lo alto, en el 10
- Proyección del dibujo hacia la parte superior, en el 13

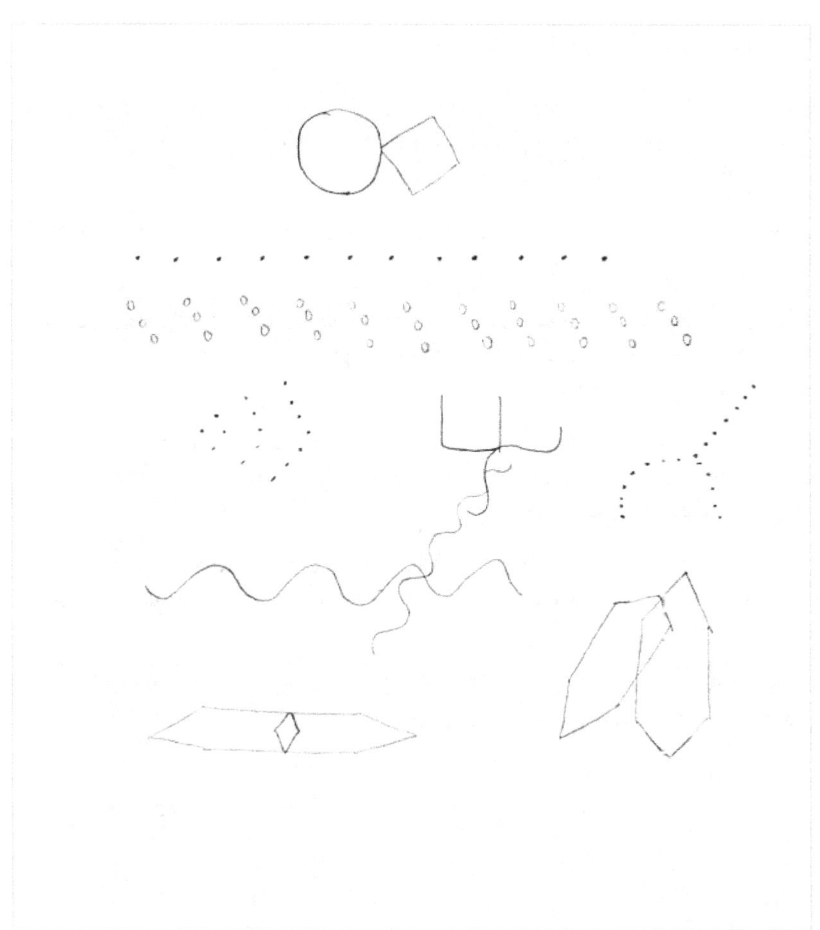

BENDER

- Secuencia irregular
- Distribución despareja de las figuras sobre la hoja
- Dimensión incrementada del círculo con relación al rombo,
  en la tarjeta A
- Respeto por el número de círculos pero no por la inclinación,
  en la 2
- Ampliación del ángulo, en la 3
- Dificultad en los puntos de unión, en la 4 y 7

Interpretación Psicológica

Su manera de aprehender el mundo es predominantemente emocional. Su intuición se impone ya que capta de manera clara los hechos y todo lo que acontece a su alrededor, sin que medie la reflexión.

Puede presentar, además, reacciones emocionales inmediatas, sin el debido y necesario control racional.

Suele manejarse desde lo que siente con poca intervención del razonamiento. Muestra preferencia por lo afectivo más que por lo reflexivo aunque cuenta con capacidad para asociar ideas.

En ella se encuentra disminuida la facilidad de organizar una planificación global ordenada, para alcanzar un objetivo concebido con anterioridad, dentro de un tiempo determinado.

Es una persona con amplitud de ideas, plástica, flexible, que no se encierra en moldes lógicos, dispuesta a escuchar la opinión ajena, lo cual le posibilita una más fácil adquisición de los aprendizajes.

Por momentos, debido a su característica de dependencia, se deja influir por las ideas de los otros para tomar decisiones.

A veces, puede cerrarse en su manera de ver las cosas, actuando con intransigencia cuando se convence de algo, y otras, llegar a invadir el pensamiento ajeno.

 Es idealista; da más importancia al mundo de las ideas que al real. Se la ve poco concreta y escasamente práctica en sus acciones.

Tiene dispersión y su respuesta es imprecisa ante estímulos simultáneos y diversos.

Considera la realidad de una manera subjetiva y unilateral, influenciada por sus gustos, hábitos y modos de pensar.

Se destacan su sensibilidad, sentido estético, creatividad, imaginación y su fantasía, que supera el mundo objetivo sin exageración.

Posee ambiciones y expectativas y una visión del mundo limitada por la falta de confianza en sí misma.

Su rendimiento tiende a ser inestable, como consecuencia del predominio de lo emocional sobre lo racional.

4

ÁREA AFECTIVA

Cuando nos referimos al área afectiva consideramos la afectividad como la base de nuestra vida psíquica.

Es nuestro modo de reaccionar más profundo y biológico a los acontecimientos internos y externos, independientemente de la razón.

Comprende toda la gama de emociones, sentimientos, pasiones, de placer y de displacer, de alegría y de dolor.

Siguiendo a Wundt y Ebhinghaus incluimos los procesos volitivos en el campo emocional, ya que la mayor o menor fuerza de voluntad de un sujeto se debe a su integridad yoica.

La voluntad no es un hecho autónomo, diferente de los impulsos y de las emociones, sino que incluye a los mismos.

Distintos autores coinciden en afirmar que el proceso volitivo consta de cuatro pasos: motivación, deliberación, decisión y realización.

La inteligencia es imprescindible en el momento de la deliberación previa a la toma de decisiones, por eso, no negamos la relación voluntad - inteligencia.

Esta última por sí sola no garantiza la puesta en marcha de la conducta volitiva; está influenciada por factores afectivos.

Las notas distintivas trabajadas en esta área son:

<u>*Voluntad*</u>:
- Energía Volitiva
- Decisión
- Constancia

<u>*Afectividad*</u>:
- Sentimiento
- Fortaleza yoica
- Debilidad yoica
- Timidez
- Agresividad hacia los demás
- Agresividad hacia sí mismo
- Madurez
- Flexibilidad
- Optimismo
- Pesimismo
- Autocontrol
- Actividad
- Seguridad
- Egocentrismo
- Sexualidad Normal

ENERGÍA VOLITIVA

Definición Léxica:

Energía: Fuerza de acción. Eficacia, poder, virtud para obrar. Fuerza de voluntad, vigor y tesón en la actividad

Volitivo,va (del latín volo: quiero): aplícase a los actos y fenómenos de la voluntad

Voluntad: Potencia del alma, que mueve a hacer o a no hacer una cosa. Acto con que la potencia volitiva admite o rehuye una cosa. Intención o resolución de hacer una cosa. Elección hecha por el propio dictamen o gusto.

Significación Psicológica:

La acción humana implica conciencia y voluntad.

La persona presenta energía volitiva cuando decide ponerse en movimiento y cuenta con la firmeza, fuerza, brío, empuje y constancia para concretar el hecho.

Ubicación Grafológica:

ORDEN
Cuidada - Margen derecho pequeño

DIMENSIÓN
Grande - Uniforme

FORMA
SIMPLIFICADA - Angulosa

PRESIÓN
Firme - Potente

VELOCIDAD
Sostenida

DIRECCIÓN
Ascendente - RECTILÍNEA

INCLINACIÓN
Recta - Moderadamente inclinada

APERTURA
Cerrada a la derecha

CONTINUIDAD
Ligada - Regular

GESTO TIPO
Arpón - Golpe de sable - Golpe de látigo

LETRAS REFLEJAS
"r" con ángulos
"s" con ángulo superior
"t" barra corta fuertemente trazada

FIRMA
Predominio de la zona derecha - Entre paralelas
Rúbrica cruzada

Observación en los Tests:

Dibujos

- Disposición a ocupar el margen derecho de la hoja, alejándose del margen izquierdo
- Proporción en los dibujos con leve predominio de la zona inferior
- Mayor cantidad de espacio ilustrado que en blanco
- Dimensión agrandada
- Composición de formas por medio de ángulos
- Simplicidad en las mismas
- Presión fuerte
- Trazos anchos
- Dinamismo en las siluetas de seres vivos o de objetos en movimiento
- Velocidad de ejecución
- Ligadura en las diversas partes de la estampa

Casa - Árbol - Persona

- Figuras con base, perpendiculares al extremo inferior de la página
- Tronco y paredes de líneas continuas y destacadas
- Ramas paralelas, rectas, angulosas, con orientación centrífuga y dobladas a la derecha
- Cuello proporcionado en relación con el tamaño de la silueta
- Piernas y pies debidamente elaborados

Wartegg

- Oscurecimiento de superficies en contraste con zonas de luz
- Empleo del punto en la composición de la figura (ej.: figuras con movimiento, personas, animales, autos), en el cuadro 1
- Despliegue del tema (ej.: flores, frutos, deportes, juegos), en el 4
- Cruce de rectas (ej.: armas, árbol, objetos de adorno, agua, ríos), en el 5

Bender

- Secuencia ordenada
- Emplazamiento del primer dibujo en el centro, debajo del margen superior

- Uso posible de dos hojas
- Discriminación lógica de las figuras
- Incremento de la dimensión de algunos diseños o de sus
  partes
- Acertada unión de las líneas que componen el dibujo
- Trazado en sentido contrario a las agujas del reloj
- Rombo agrandado con relación al círculo, en la tarjeta A
- Sobredimensión del tamaño en el plano vertical, en la 7
- Realización de recta con movimiento centrífugo, en la 5

DECISIÓN

Definición Léxica:

Decisión: determinación, resolución que se toma o se da en una cosa dudosa. Firmeza de carácter.

Significación Psicológica:

Es una acción interior que posibilita resolver una situación y se exterioriza en los hechos que la concretan. La decisión no es suficiente para conseguir una gestión eficaz; requiere voluntad y sentido práctico.

La toma de decisiones implica un proceso:
- focalización del problema
- búsqueda de información
- consideración de alternativas
- toma de decisión
- elaboración de un plan de acción
- implementación de la decisión
- evaluación de las experiencias

El poder de decisión es habitual en aquellas personas que saben claramente qué es lo que buscan en la vida y que tienen fortaleza yoica y están seguras de sí mismas.

Ubicación Grafológica:

ORDEN

Cuidada - Clara - Organizada - Margen izquierdo grande - Margen derecho pequeño, ausente - Puntos precisos

DIMENSIÓN

Mediana a grande - Uniforme

FORMA

Angulosa - SIMPLIFICADA

PRESIÓN

Firme - Profunda - Relieve pronunciado - HORIZONTAL

VELOCIDAD

Rápida - MODERADA O PAUSADA - RITMO REGULAR

DIRECCIÓN

Horizontal a ascendente sin rigidez

INCLINACIÓN

Vertical o recta - Moderadamente inclinada

APERTURA

Cerrada a la derecha

CONTINUIDAD

Ligada - Mayúscula separada de la letra minúscula siguiente - Regular - LIGADURA INMATERIAL DIRECTA - PROGRESIVA

GESTO TIPO

Arpón - Maza - Final apoyado

LETRAS REFLEJAS

"A" travesaño hacia la derecha - "B" equilibrio de partes - "i" punto desplazado a la derecha - "r" con segundo ángulo acentuado "t" hampa recta y firme y barra a 3/4, fuerte, hacia la derecha

FIRMA

Grande - Destacada - Situada a la derecha - De mayor tamaño que el texto Rúbrica de izquierda a derecha, con rasgos presionados en vertical, sobre todo al final

Observación en los Tests:

Dibujos

- Definición y nitidez en los dibujos
- Distanciamiento del margen izquierdo
- Ubicación de los diseños del centro hacia la derecha
- Motivos de tamaño mediano a grande
- Líneas derechas y angulosas
- Rectas horizontales atravesadas verticalmente
- Formas simples y consistentes
- Presión fuerte y constante
- Movimiento en los dibujos de seres vivientes o de objetos móviles

Casa - Árbol - Persona

- Figuras perpendiculares a la base de la página con buen apoyo
- Paredes y troncos de trazos fuertes, rectos y bien delimitados
- Ramas orientadas del centro hacia fuera
- Cabeza bien trabajada, con rasgos faciales definidos

Wartegg

- Atravesamiento del punto por una o por muchas rectas o por una punta de flecha (ej.: árbol, armas, juegos), en el cuadro 1
- Entrecruzamiento de las rectas, en el que la línea inferior corta la superior (ej.: mecanismos o sus partes, rastrillos, barcos), en el 5

Bender

- Secuencia ordenada
- Aumento de tamaño en algunas figuras
- Líneas que siguen la dirección opuesta a las agujas del reloj
- Trazado del rombo mayor que el del círculo
- Aumento del sentido vertical, en la tarjeta 7
- Incremento de las rectas sobre el movimiento curvo, en la 4 y 5

CONSTANCIA

Definición Léxica:

Constancia: firmeza y perseverancia del ánimo en las resoluciones y en los propósitos.

Significación Psicológica:

Probabilidad de continuar la acción iniciada, con el fin de alcanzar metas, deseos, objetivos.

El sujeto no decae en su emprendimiento, a pesar de los obstáculos. Los sobrelleva. Su fuerza interior lo hace ser empeñoso e insistente en sus decisiones.

Esta constancia lo conduce al cumplimiento de su cometido, lo cual es una garantía en el ámbito laboral o en cualquier otro tipo de tareas.

Ubicación Grafológica:

ORDEN

Cuidada - Legible - Proporcionada - **ORDENADA** - Márgenes regulares - Acentuación y puntuación regular

DIMENSIÓN

Uniforme

FORMA

Angulosa - Coligamento en ángulo

PRESIÓN

Profunda - Firme - **TENSA - ROBUSTA** - Relieve apreciable

VELOCIDAD

Lenta - **MESURADA O PAUSADA**

DIRECCIÓN

Horizontal - **RECTILÍNEA - RECTA RÍGIDA**

INCLINACIÓN

Moderadamente inclinada - Vertical o recta - **RÍGIDA**

APERTURA

Cerrada por la izquierda

CONTINUIDAD

Ligada - Constante - Regular - **MONÓTONA - PROGRESIVA**

GESTO TIPO

Golpe de sable - Arpón - Trazo inicial regular

LETRAS REFLEJAS

Óvalo anguloso - "i" punto regularmente situado, ligado a la letra siguiente
"r" acentuada en primer ángulo, con ángulos bien marcados
"s" y "ñ" regulares - "t" hampa recta y firme y barra ligada a las letras
siguientes, destacada, regular, a 3/4 horizontal o descendente

FIRMA

Uniforme - Entre dos líneas paralelas
Rúbrica cruzada, de trazos angulosos, con bucle pequeño al final

Observación en los Tests:

Dibujos

- Utilización correcta del espacio gráfico
- Respeto de la secuencia esperable
- Zona izquierda y derecha equilibradas
- Buena relación entre las diferentes partes del diseño
- Pequeñez de los mismos
- Tendencia a la recta y al ángulo
- Líneas seguras, continuas
- Presión fuerte, constante, de trazos firmes
- Uniformidad y regularidad en el estilo
- Método de trabajo lento y detallista

Casa - Árbol - Persona

- Dibujos perpendiculares a la base de la página
- Paredes firmes, troncos rectos
- Casa con accesorios que tengan energía (ej.: soles, plantas)
- Ramas paralelas, ascendentes, centrípetas
- Posible presencia de la figura humana con perfil hacia el lado derecho
- Cabeza y rasgos de la cara más trabajados

Wartegg

- Cruzamiento de las dos rectas (ej.: armas, avión, bandera, equipajes), en el cuadro 5
- Puntas sin modificar (ej.: locomotora, vehículos), en el 14

Bender

- Secuencia metódica
- Llenado de una hoja con separación normal entre dibujos
- Respeto por el tamaño del estímulo de la tarjeta
- Uniformidad en la horizontalidad y en la verticalidad de los diseños
- Disminución de las curvas
- Énfasis mayor en la figura de líneas rectas que en la de líneas curvas, en la tarjeta 4
- Mantenimiento de la forma de los puntos, en la 1 y de la cantidad de círculos, en la 2

SENTIMIENTO

Definición Léxica:

Sentimiento: acción y efecto de sentir o sentirse. Impresión que causan en el alma las cosas espirituales.

Sentir: experimentar sensaciones producidas por causas externas o internas.

Significación Psicológica:

Cuando el sentimiento predomina sobre la razón, los afectos (amor, odio, celos, apasionamiento, etc.) guían las decisiones y rigen la conducta de las personas.

Siempre se dan en el presente, aun cuando provengan de los recuerdos.

Ubicación Grafológica:

ORDEN

Desproporcionada con predominio de zona media - Descuidada - Margen superior reducido o ausente - Anarquía en el orden interno y en los márgenes que pueden ser irregulares

DIMENSIÓN

Grande - **EXTENDIDA** - Desigual

FORMA

Predominio de la curva sobre el ángulo - Escritura en guirnalda

PRESIÓN

TORCIDA - Desigual - **HORIZONTAL**

VELOCIDAD

Rápida - **PRECIPITADA**

DIRECCIÓN

Desigual - Sinuosa - Serpentina

INCLINACIÓN

Inclinada - **VIBRANTE**

APERTURA

Abierta arriba y a la derecha

CONTINUIDAD

Ligada - **VARIADA** - **PROGRESIVA**

GESTO TIPO

Rasgo final largo y lanzado - Temblor - Torsión

LETRAS REFLEJAS

"i" punto irregular - "t" barra imprecisa, dispar

FIRMA

Situada a la derecha
Rúbrica ligeramente curva, complicada

Observación en los Tests:

Dibujos

- Propensión a hacer uso de la zona media de la hoja
- Irregularidades en la distribución de espacios en blanco
- Desproporciones entre las diferentes partes
- Predominio de la zona media del dibujo
- Alteración de la secuencia
- Composición grande
- Trazado complicado, con agregados secundarios
- Líneas curvas
- Presión desigual: mayor en el plano horizontal que en el vertical
- Falta de armonía general
- Tendencia a la impulsividad en el método de trabajo

Casa - Árbol - Persona

- Puertas y ventanas abiertas
- Camino de acceso presente
- Tronco del árbol inclinado a la derecha, con altura acentuada
- Punta del mismo o de la mayor parte de sus ramas, dobladas a la derecha
- Cuerpo de la figura humana destacado
- Brazos y manos separados del tronco, extendidos hacia delante

Wartegg

- Unión de los puntos en una línea curva (ej. astros, animales, paisajes), en el cuadro 7
- Integración de las curvas en un mismo motivo (ej.: figura humana, anteojos, adornos), en el 15

Bender

- Irregularidad en la secuencia
- Ubicación del primer dibujo en el centro de la hoja
- Existencia de espacio variable entre las figuras
- Dimensión aumentada o disminuida de las diferentes partes de las mismas
- Incremento de las líneas onduladas, en la tarjeta 6
- Trazado de la curva mejor que el de la recta, en la 5
- Transformación de los ángulos en curvas, en la 3

FORTALEZA YOICA

<u>Definición Léxica:</u>

Fortaleza: fuerza y vigor. Una de las cuatro virtudes cardinales que consiste en vencer el temor y huir de la temeridad.

Yoico: relativo al Yo

Yo: en fil.: sujeto humano en cuanto persona. En psic.: parte consciente del individuo, mediante la cual cada persona se hace cargo de su propia identidad y de sus relaciones con el mundo.

<u>Significación Psicológica:</u>

Energía psíquica, fuerza interior que posee la persona para satisfacer sus necesidades y deseos y responder a las exigencias que le demanda la vida, adaptando su conducta a la realidad.

Tiene que ver con una personalidad equilibrada y con la seguridad personal. Si el "yo" es fuerte tendrá resistencia ante las adversidades y capacidad para reaccionar frente a éstas.

Ubicación Grafológica:

ORDEN

Proporcionada - Clara - Legible - Perfecto encuadre del texto en el papel

DIMENSIÓN

Uniforme - Zona media grande

FORMA

Angulosa

PRESIÓN

Potente - **EQUILIBRADA** en sentido horizontal y vertical

VELOCIDAD

Rápida con ambiente gráfico positivo

DIRECCIÓN

Horizontal - Ligeramente ascendente

INCLINACIÓN

Vertical o recta

APERTURA

Cerrada

CONTINUIDAD

Progresiva

GESTO TIPO

Arpón

LETRAS REFLEJAS

"L" tipográfica angulosa - "M" ancha - "r" con dos ángulos bien marcados
"t" hampa recta y firme - barra alta

FIRMA

Sencilla - Presionada - Legible - Equilibrio en las zonas - Ascenso moderado
- Coherencia firma / texto
Rúbrica sencilla, ausente, con presión

Observación en los Tests:

Dibujos

- Coherencia en la estructura de los distintos dibujos
- Espacios en blanco que ofrecen a la figura un fondo o contorno bien neto
- Simetría lograda
- Encadenamiento de las distintas partes del trazado de acuerdo con el orden esperado
- Diseños de tamaño mediano a grande
- Definición en las formas
- Empleo de ángulo agudo
- Presión fuerte y constante
- Trazos anchos, rectos y continuos
- Rapidez en la composición
- Dirección horizontal o ligeramente ascendente
- Regularidad general

Casa - Árbol - Persona

- Figuras bien plantadas con bases firmes
- Dibujos perpendiculares al borde inferior de la página
- Diseños completos, sin omisión de partes y sin accesorios
- Troncos y paredes firmes, rectos, seguros
- Puerta importante y cerrada
- Ventanas abiertas
- Ramas paralelas, rectangulares y en todas direcciones
- Raíces ausentes

Wartegg

- Empleo del punto e inclusión en una línea (ej.: bosques, mapas, dinero), en el cuadro 1
- Cruce de las rectas (ej.: armas, estrellas, figuras humanas), en el 5
- Respeto por las puntas (ej.: árbol, río, útiles en general), en el 14

Bender

- Serie ordenada
- Instalación del primer dibujo en el centro, ligeramente debajo del margen superior

- Distanciamiento adecuado entre figuras con moderado borde izquierdo
- Empleo de no más de dos hojas de papel
- Movimiento opuesto a las agujas del reloj
- Respeto por la inclinación, en la tarjeta 2
- Conservación de los ángulos, en la 8
- Aumento de la verticalidad, en la 7

DEBILIDAD YOICA

Definición Léxica:

Debilidad: falta de vigor o fuerza física. Carencia de energía o vigor en las cualidades o resoluciones del ánimo.

Yoica: ut supra

Significación Psicológica:

Fuerza insuficiente para tomar decisiones de manera autónoma, para enfrentar y resolver situaciones por sí mismo, para gratificar necesidades y deseos.

Se caracteriza por rasgos de inmadurez, inseguridad, baja autoestima.

La persona con debilidad yoica está dominada por sus impulsos, por sus conflictos o por los otros. De ese modo, no puede adoptar una conducta madura frente a la realidad.

Ubicación Grafológica:

ORDEN

Desproporcionada - **DESEQUILIBRADA** - Letras adosadas - Márgenes irregulares - Puntos colocados después de escribir la palabra

DIMENSIÓN

Muy pequeña

FORMA

REDONDA - Óvalo en doble o triple círculo

PRESIÓN

Floja

VELOCIDAD

Lenta con ambiente gráfico negativo

DIRECCIÓN

Sinuosa, serpentina, descendente, final de línea caído - Final de línea caído

INCLINACIÓN

Invertida

APERTURA

Abierta por arriba

CONTINUIDAD

Irregular - **REGRESIVA** -Retocada - Subrayado

GESTO TIPO

Trazo inicial con presión débil - Torsión

LETRAS REFLEJAS

"A" caligráfica - "r" convertida en curva
"t" hampa torcida

FIRMA

Ilegible - Muy diferente del texto - Con desequilibrio en las zonas
Rúbrica complicada, enmarañada

Observación en los Tests:

Dibujos

- Disminución de las cualidades del dibujo
- Ausencia de base o de apoyatura en el borde inferior del papel
- Simetría alterada por predominio de zona izquierda
- Superposición de elementos accesorios al dibujo central
- Pequeñez
- Definición escasa, infantilismo y elementalidad de las formas con contornos difusos
- Flojedad y variabilidad en la presión
- Trazados finos y torcidos
- Dirección cambiante y continua de las líneas
- Borrado y retoque en exceso
- Irregularidad general

Casa - Árbol - Persona

- Dibujos inclinados hacia la izquierda con relación a la base de la página
- Casa rodeada por arbustos, árboles y otros detalles que no forman parte de la consigna
- Copa cerrada, sombreada, achatada, acentuada en el lado izquierdo, colgada a ambos lados del tronco en forma de bolsa
- Ramas en raya en sentido centrífugo
- Tronco o ramaje apuntalados
- Raíz de línea doble presente
- Figura con perfil a la izquierda
- Cabeza poco desarrollada
- Boca cóncava

Wartegg

- Permanencia intacta del "punto", en el cuadro 1
- Utilización de figuras geométricas (ej.: postes telegráficos, escaleras, edificios), en el 3
- Falta de cruce en las rectas (ej.: calles, estantes), en el 5
- No toca el estímulo, en el 7

Bender

- Confusión en la secuencia
- Ubicación del primer dibujo en el extremo superior izquierdo
- Distribución de las figuras en los bordes
- División de la hoja por medio de una línea vertical y disposición de los diseños en el margen izquierdo y sobre la raya divisoria
- Escasez de separación entre grabados
- Disminución del tamaño de la mayoría de los diseños
- Dificultad de cierre, en las tarjetas 7 y 8
- Obstrucción en el cruce de los estímulos, en la 6 y 7

TIMIDEZ

<u>Definición Léxica</u>:

Timidez: calidad de tímido.

Tímido, da (adj.): temeroso, medroso, encogido y corto de ánimo.

<u>Significación Psicológica</u>:

Se caracteriza por miedo y vacilaciones en el actuar, ante situaciones que no lo justifican. Está ligada a la falta de confianza en sí mismo, que proyecta dudas sobre las propias fuerzas y sobre el valor personal ante el otro.

También se vincula con el temor de no agradar, de hacer el ridículo, de no brillar. Como defensa contra esto recurre a una excesiva servicialidad.

El tímido puede sentirse amenazado hasta por la mirada del otro, tiene una extremada sensibilidad y nada le pasa inadvertido. Así desarrolla una perspicacia que lo aísla cada vez más en ambientes donde no se encuentra seguro.

Ubicación Grafológica:

ORDEN

Déficit en zona inferior - Margen derecho regular, grande o en aumento - Margen izquierdo pequeño, ausente o en disminución - Puntos y acentos débiles u olvidados

DIMENSIÓN

Rebajada - Sobria - Decreciente - Contenida - Apretada - Pequeña

FORMA

Sencilla - Caligráfica

PRESIÓN

Floja - **DESNUTRIDA** - **FINA O LIGERA**

VELOCIDAD

Lenta

DIRECCIÓN

Descendente

INCLINACIÓN

Invertida

APERTURA

Cerrada por la izquierda

CONTINUIDAD

LAPSO DE COHESIÓN - REGRESIVA

GESTO TIPO

Final truncado o suprimido

LETRAS REFLEJAS

"M" estrecha
"t" barra corta, ausente, débil o situada a la izquierda

FIRMA

Ubicación sinistrógira

Observación en los Tests:

Dibujos
- Predominio de la zona media
- Omisión de partes
- Empleo reducido del espacio
- Disposición en el margen superior izquierdo
- Pequeñez en los dibujos
- Confusión en los bosquejos lineales
- Vaguedad, simpleza, redondez, infantilismo en las formas
- Flojedad y debilidad en la presión
- Fragmentación en los trazos
- Lentitud en la ejecución
- Dirección descendente
- Inclinación sinistrógira
- Borrado y retoque

Casa - Árbol - Persona
- Paredes y troncos débiles
- Techo pequeño
- Puerta con cerradura y ventanas con rejas
- Camino dificultoso
- Cerca en el frente de la casa
- Copas concéntricas superpuestas, con contorno tembloroso
- Ramas escasas, estrechadas hacia el exterior
- Tronco con ensanchamientos y estrechamientos
- Raíces en dos dimensiones
- Cabeza contorneada con trazos gruesos y fuertes
- Orejas grandes, ojos marcados
- Piernas y pies especialmente trabajados

Wartegg
- Cerramiento del estímulo curvo en circunferencia (ej.: sol, luna, paracaídas), en el cuadro 8
- Modificación de la punta inferior (ej.: lápices, pinceles), en el 14

Bender
- Ubicación del primer dibujo en el ángulo superior izquierdo
- Irregularidad en la secuencia
- Situación de las ilustraciones en la mitad superior de la hoja

- Distancia entre figuras mayor que la habitual
- Dificultad en el cierre de las mismas
- Disminución del tamaño de la mayor parte de los estímulos
- Complicación en el cruce de los diseños correspondientes
  a las tarjetas 6 y 7
- Reducción de la cantidad de curvas, en la 4, 5 y 6

AGRESIVIDAD HACIA LOS DEMÁS

Definición Léxica:

Agresividad: de agresivo, va (adj.).

Agresivo, va: dícese de la persona o animal que obra o tiende a obrar con agresividad. Propenso a faltar el respeto, a ofender, a provocar o a atacar a los demás.

Significación Psicológica:

Cuando la agresividad no se canaliza positivamente en actividad, se puede expresar en forma negativa, de manera oral o física, hacia los otros, y en límites extremos puede llegar al sadismo.

Ubicación Grafológica:

ORDEN

Desproporcionada con predominio de zona inferior - Confusa - Invasión de zonas - Puntuación hacia la derecha, hacia arriba

DIMENSIÓN

Muy grande - Lanzada - Decreciente

FORMA

Angulosa

PRESIÓN

Fuerte - **ACERADA** - **MASIVA**

VELOCIDAD

Rápida - **PRECIPITADA**

DIRECCIÓN

Ascendente - Muy ascendente

INCLINACIÓN

Muy inclinada o dextrógira marcada

APERTURA

Abierta

CONTINUIDAD

RETOCADA

GESTO TIPO

Triángulo en zona inferior - Maza - Trazo final acerado

LETRAS REFLEJAS

"t" barra larga y de final agudo

FIRMA

Invade texto - Desarrollo zona inferior
Rúbrica en punta, mirando hacia la derecha, en forma de espada o cuchillo

Observación en los Tests:

Dibujos

- Contorno poco nítido, presionado con más énfasis en la parte derecha de los dibujos
- Desproporciones hacia la zona inferior
- Invasión de partes de otros dibujos
- Inversión de la secuencia esperable
- Tamaño muy grande
- Formas con ángulos agudos
- Diseño con aumento de trazos verticales
- Presión fuerte
- Trazos rígidos
- Esquemas con movimientos centrífugos
- Retoques en zona derecha

Casa - Árbol - Persona

- Ventanas sin detalles de cortinas, adornadas con plantas con espinas
- Rejas con zona superior en punta
- Camino de acceso a la casa entrecortado
- Ramas con orientación centrífuga y finales con punta de puñal
- Tronco de árbol con trazos puntiagudos y angulosos en su superficie
- Figura humana dibujada con palitos
- Boca pesada, con línea gruesa entrecortada, con dientes a la vista
- Nariz con fosas nasales marcadas
- Manos sombreadas
- Dedos en forma de lanza, garra o herramienta mecánica, en mayor cantidad en cada mano, trabajados de manera especial sin privilegiar las mismas
- Pies con dedos marcados en figura vestida

Wartegg

- Diseño del segmento cortado por una flecha (ej.: dientes, mecanismos), en el cuadro 8
- Cierre de la curva con ángulo (ej.: bombas, granadas), en el 11
- Modificación de las puntas de la zona media y superior con ángulos (ej.: armas, locomotoras), en el 14

Bender

- Emplazamiento del primer dibujo en el centro de la página
- Excesivo espacio entre dibujos
- Presencia de choque o cohesión
- Giro en la posición del papel y de la tarjeta
- Acrecentamiento general del tamaño de las figuras
- Incremento en el plano vertical
- Realización de ángulos más allá del punto de unión
- Aumento de la presión en las líneas rectas de la zona derecha
- Finalización en punta, en forma de aguja, de la tarjeta 6
- Aumento del plano vertical, en la 7

AGRESIVIDAD HACIA SÍ MISMO

Definición Léxica:

Agresividad: ut supra

Significación Psicológica:

Cuando la agresividad no se convierte en emprendimiento, perseverancia y esfuerzo, para alcanzar los objetivos propuestos, y cuando la descarga está bloqueada hacia el exterior, se puede volcar hacia la propia persona, transformándose en autoagresión o masoquismo.

Ésta se puede manifestar a través de diferentes síntomas psíquicos (estados depresivos, autoestima baja, desconfianza en sí mismo, etc.) que, en ocasiones, llegan a convertirse en físicos (enfermedades psicosomáticas).

Ubicación Grafológica:

ORDEN
Desproporcionada - Zona inferior inútilmente barrada

DIMENSIÓN
Contenida - Apretada

FORMA
Angulosa - Óvalo pinchado, relleno

PRESIÓN
TORCIDA

VELOCIDAD
Lenta - Retardada

DIRECCIÓN
Descendente

INCLINACIÓN
Invertida

APERTURA
Cerrada

CONTINUIDAD
RETOCADA - CENTRÍPETA - Jamba con final desplazado hacia la izquierda y sin cohesión con la zona media

GESTO TIPO
Rasgo final contenido, proyectado hacia abajo, el centro, la izquierda

LETRAS REFLEJAS
Mayúscula tachada, muy retocada - Letra atravesada por trazo puntiagudo, regresivo - "s" con ángulo en la base

FIRMA
Tachada - Ilegible
Rúbrica en punta, mirando hacia la izquierda, con ángulo

Observación en los Tests:

Dibujos
- Contorno poco nítido, parte izquierda presionada con mayor énfasis
- Choque entre dibujos
- Figuras pequeñas y angulosas
- Producción con achatamiento de círculos y curvas
- Presión fuerte y torsiones
- Trazos fragmentados o bosquejados
- Movimientos centrípetos
- Borrados y retoques en zona izquierda

Casa - Árbol - Persona
- Puerta cerrada con candado
- Carencia de ventanas
- Reja en el frente
- Camino de acceso ausente
- Árbol casi totalmente deshojado
- Puño cerrado presionado hacia el cuerpo
- Manos con dedos articulados bordeados por una línea
- Piernas, pies y raíces bien desarrollados

Wartegg
- Cierre y achatamiento del círculo (ej.: combate, dientes), en el cuadro 8
- Unión de las curvas y realización en su interior de dibujos en punta (ej.: armas, cuchillos), en el 16

Bender
- Situación del primer dibujo en el margen izquierdo superior
- Falta de espacio entre figuras
- Aumento de la presión de líneas rectas en zona izquierda
- Incremento del tamaño de la mayoría de los diseños
- Mayor presión del rombo, en la tarjeta 8
- Presencia de recta con movimiento centrípeto, en la 5

MADUREZ

<u>Definición Léxica</u>:

Madurez: buen juicio o prudencia, sensatez.

<u>Significación Psicológica</u>:

Factibilidad de moderación, discreción, mesura, cordura, que permite la adaptación activa al medio.

La persona madura presenta equilibrio en las tres áreas de la personalidad y, por lo tanto, está preparada para asumir responsabilidades, enfrentarlas y resolverlas, a pesar del grado de complejidad que las mismas puedan tener.

Para lograr esta madurez es necesario atravesar y resolver las distintas crisis evolutivas que enfrentamos en la vida.

Ubicación Grafológica:

ORDEN

Organizada - ORDENADA - COMPENSADA - Legible - Proporcionada - Texto bien encuadrado - Claridad en la distribución y organización de los signos

DIMENSIÓN

Sobria - Uniforme

FORMA

Caligráfica - Sencilla - Mezcla de ángulo y curva

PRESIÓN

Firme - Normal y limpia - EQUILIBRADA

VELOCIDAD

Moderada o pausada - RITMO REGULAR

DIRECCIÓN

Horizontal - RECTILÍNEA

INCLINACIÓN

Vertical o recta - Moderadamente inclinada

APERTURA

Abierta a la derecha

CONTINUIDAD

AGRUPADA - Evolucionada - PROGRESIVA

GESTO TIPO

Golpe de sable - Arpón

LETRAS REFLEJAS

"g" ligada a la letra siguiente

FIRMA

Equilibrio en las zonas - Simplificada - Coherencia firma-texto
Rúbrica de menor tamaño que el nombre, ausente

Observación en los Tests:

Dibujos

- Distribución adecuada de las zonas dibujadas en el espacio en blanco y encuadre correcto dentro de la página
- Equilibrio y proporción en las dimensiones de las diferentes partes del dibujo
- Mezcla de ángulos y curvas
- Presión firme y equilibrada
- Avance espontáneo hacia la derecha de los movimientos realizados al formar el dibujo

Casa - Árbol - Persona

- Ilustraciones acordes con la edad cronológica del que dibuja
- Figuras completas sin omisiones
- Troncos y paredes firmes
- Casa dibujada sin detalles accesorios
- Ramas en dos dimensiones dirigidas hacia las diferentes zonas del espacio
- Corteza del árbol con trazos rectos y redondeados
- Figura humana de pie
- Boca, botones, bolsillos, corbata etc., sin destacar

Wartegg

- Unión de los puntos en una línea (ej.: animales, frutos), en el cuadro 7
- Conexión de las curvas en un solo motivo (ej.: comida - bebida), en el 15

Bender

- Secuencia de tendencia irregular
- Ubicación del primer dibujo con preferencia hacia el centro alejado del margen superior
- Separación apropiada entre figuras
- Utilización de una o dos hojas
- Respeto por la forma y el tamaño de los estímulos
- Trabajo correcto, tanto en curvas como rectas, en las tarjetas A, 4 y 5

FLEXIBILIDAD

Definición Léxica:

Flexibilidad: cualidad de flexible.

Flexible: dícese del ánimo, genio o índole que tienen disposición a ceder o a acomodarse fácilmente al dictamen o resolución de otro.

Significación Psicológica:

Capacidad de amoldarse y manejarse de acuerdo con lo que las necesidades del momento demanden; de variar y cambiar conductas y criterios con cierta elasticidad, sin dejar a un lado los valores personales, las propias convicciones, principios y deseos.

La flexibilidad facilita la adaptación y la integración social.

Ubicación Grafológica:

ORDEN
Descuidada - Desproporcionada - Puntos irregulares

DIMENSIÓN
Desigual

FORMA
Redondeada - Coligamento en guirnalda

PRESIÓN
Mediana - **BLANDA** - Flexión de los palotes

VELOCIDAD
RITMO IRREGULAR

DIRECCIÓN
Sinuosa - Serpentina - Desigual

INCLINACIÓN
Moderadamente inclinada o dextrógira leve - **VIBRANTE** - Desigual

APERTURA
Abierta a la derecha

CONTINUIDAD
Desigual - Desligada - **IRREGULAR**

GESTO TIPO
Guirnalda - Bucle - Lazo - Arco

LETRAS REFLEJAS
"m" y "n" en guirnalda
"s" abierta y en curva

FIRMA
Diferencia entre firma y texto - Movimientos curvos

Observación en los Tests:

Dibujos
- Distanciamiento de ciertas partes del dibujo de su órbita normal
- Pequeñas desigualdades en las partes constitutivas del mismo
- Secuencia alterada y cambiante
- Desequilibrios con relación a los ejes de simetría
- Delimitación de figura y fondo pobre
- Predominio de la curva en la estructura de los diseños
- Firmeza en unas zonas y flexibilidad en otras
- Irregularidad general
- Moderación en borrados y retoques

Casa - Árbol - Persona
- Puertas y ventanas abiertas, con cortinas y flores
- Camino de acceso
- Copa de contorno ondulado
- Ramas con líneas curvas
- Borde de la cabeza trabajado pero no sobresaliente
- Presencia de cuello sin exageración en su elaboración
- Movimiento en brazos y piernas en la figura humana

Wartegg
- Conservación de la apertura del arco de la circunferencia (ej.: sol, astros, paraguas), en el cuadro 8
- Mantenimiento de la curva estímulo sin cierre hacia la parte superior (ej.: ciudades, calles, montaña), en el 11

Bender
- Secuencia irregular
- Variación en la distribución espacial de las figuras
- Aumento y disminución del tamaño de los diseños
- Incremento de formas curvas en el plano horizontal y disminución en el vertical, en la tarjeta 6
- Modificación en la cantidad de puntos, en la 1
- Diferente tamaño y cambio de angulosidad, en la 2

OPTIMISMO

Definición Léxica:

Optimismo: propensión a ver y a juzgar las cosas en su aspecto más favorable.

Significación Psicológica:

Actitud positiva ante la vida, que permite ver las cosas desde su lado más propicio, conveniente y próspero y pensar que todo saldrá de la mejor manera posible.

El optimista tiene confianza en sí mismo, autoestima elevada, claridad de criterios en la búsqueda de objetivos y fe en el éxito, en el futuro y en los demás.

Ubicación Grafológica:

ORDEN

Pequeña desproporción en zona superior - Organizada - Clara - Espaciada - Margen izquierdo ensanchándose de arriba abajo - Puntos y acentos altos

DIMENSIÓN

Grande - Movida - Creciente

FORMA

Redondeada - **PLENA**

PRESIÓN

Firme - Profunda

VELOCIDAD

Rápida

DIRECCIÓN

Ascendente - Horizontal - **IMBRICADA ASCENDENTE** - Con líneas que suben al final

INCLINACIÓN

Inclinada

APERTURA

Abierta

CONTINUIDAD

Ligada - Progresiva

GESTO TIPO

Inflación en la zona superior - Final de línea, palabra o letra con ascenso moderado

LETRAS REFLEJAS

"t" barra a la derecha

FIRMA

Destacada y hacia arriba - De igual tamaño o algo mayor que el texto- A la derecha del mismo

Observación en los Tests:

Dibujos

- Emplazamiento de las partes en sus lugares respectivos sin entrecruzamiento
- Respeto de la secuencia de izquierda a derecha y de arriba hacia abajo
- Movimientos amplios en la zona superior
- Trazado de diseños grandes
- Composición con movimientos curvos y graciosos, con armonía, plenitud en las formas, riqueza y originalidad
- Presencia de surco profundo, borde liso y bien delimitado
- Dirección ascendente
- Movimientos dirigidos espontáneamente hacia la derecha

Casa - Árbol - Persona

- Techo, copa y cabeza más trabajados
- Paredes y troncos que no presentan ondulaciones en ninguna de sus direcciones
- Altillos en el techo, chimenea sin humo
- Copa ausente
- Ramas armoniosas, ascendentes y abiertas
- Figura humana en movimiento
- Pelo tupido
- Ojos destacados

Wartegg

- Agrandamiento del estímulo (ej.: agua, astros, pájaros en vuelo), en el cuadro 4
- Trazado de líneas rectas horizontales y paralelas, contiguas a las dos líneas verticales (ej.: juegos, paisajes), en el 9

Bender

- Realización grande del primer dibujo
- Ubicación con separación de los márgenes
- Tamaño aumentado en la mayoría de las figuras
- Diseño de buen cruce en las tarjetas 6 y 7
- Trazado con aumento de ángulos en la 3
- Colocación del rombo a la derecha en la 8

PESIMISMO

Definición Léxica:

Pesimismo: propensión a ver las cosas por el lado más desfavorable.

Significación Psicológica:

Actitud que hace considerar los hechos desde su aspecto más negativo y perjudicial.

La persona pesimista padece de indecisión, de desconfianza y de una gran inseguridad con relación a sí misma.

Habitualmente este sentimiento se genera en las primeras etapas de la vida, cuando el sujeto se ha desarrollado en un ambiente hostil.

Se asocia a una personalidad depresiva, que no asume el pasado y mira el futuro sin esperanza.

Ubicación Grafológica:

ORDEN

Concentrada - Confusa - Desorganizada - Descuidada - Margen derecho amplio - Puntos y acentos bajos

DIMENSIÓN

Pequeña - Apretada - Decreciente

FORMA

Curva

PRESIÓN

Superficial

VELOCIDAD

Lenta

DIRECCIÓN

Descendente - Cóncava - Convexa - **IMBRICADA DESCENDENTE** - Con línea que cae al final

INCLINACIÓN

Invertida

APERTURA

Cerrada

CONTINUIDAD

Desligada - **REGRESIVA**

GESTO TIPO

Final descendente

LETRAS REFLEJAS

Jamba **ESTRECHADA** - "t" barra detrás del hampa

FIRMA

Centrada - A la izquierda del texto - Poco destacada - Tachada - Descendente - Con nombre ausente - Rúbrica hacia abajo

Observación en los Tests:

Dibujos

- Propensión a la concentración
- Trazado confuso
- Distribución defectuosa o insuficiente de los espacios
- Diseños cercanos al margen izquierdo superior o en la parte inferior de la hoja
- Dimensión del cuerpo del dibujo menor que lo esperado
- Suavizado de los ángulos y formación de curvas
- Déficit en el grosor, en la tensión, en la profundidad y en el relieve de los trazos
- Ejecución lenta
- Movimientos dirigidos hacia atrás

Casa - Árbol - Persona

- Puertas pequeñas
- Ventanas diminutas, clausuradas, carentes de cortinas
- Camino de acceso ausente o estrechado a medida que se acerca a la casa
- Copa achatada, sombreada, colgante en forma de bolsa a ambos lados del tronco
- Ramas descendentes, cerradas
- Figura humana sentada
- Boca enfatizada
- Brazos pegados al cuerpo u omitidos
- Piernas y pies dificultosamente dibujados

Wartegg

- Multiplicación del tema con figuras cuadrangulares sombreadas (ej.: figuras geométricas, puerta cerrada), en el cuadro 4
- No empleo del estímulo (ej.: sol, astros), en el 7
- Diseño por debajo del mismo (ej.: triángulo, cuadrado), en el 10

Bender

- Secuencia metódica
- Ubicación del primer dibujo en el margen izquierdo superior
- Figuras colgadas de los extremos
- Espacio reducido entre las mismas

- Disminución de la mayor parte de ellas
- Rotación descendente de 10º á 15º, siguiendo el
  movimiento del reloj
- Conteo y respeto por la cantidad de puntos, en la tarjeta 1
- Uniformidad en el dibujo, en la 2

AUTOCONTROL

Definición Léxica:

Autocontrol: de auto- y control.

auto: propio o por uno mismo.

control: dominio, mando, preponderancia.

Significación Psicológica:

Control emocional que permite un dominio de sí mismo, al poder conjugar los afectos y los impulsos mediante el uso de la razón.

Cuando el autocontrol, que es necesario, es adecuado, facilita una buena adaptación social y profesional. Si es excesivo, genera rigidez, bloqueo, inhibición y falta de espontaneidad en las manifestaciones afectivas.

Ubicación Grafológica:

ORDEN

Organizada - Cuidada - Concentrada - **ORDENADA - ARMÓNICA - CADENCIADA**
Margen izquierdo y derecho normales, regulares - Margen superior normal Margen inferior pequeño Puntuación centrada - Puntos y aparte ordenados

DIMENSIÓN

Apretada - Contenida - Uniforme

FORMA

Angulosa - Caligráfica - Tipográfica - **ARTIFICIOSA - ARQUEADA -**

PRESIÓN

Firme - Profunda - Tensión en los plenos - **NETA O LIMPIA** - De alto relieve

VELOCIDAD

Lenta - **MESURADA O PAUSADA - RITMO REGULAR**

DIRECCIÓN

Horizontal - **RECTA RÍGIDA - RECTILÍNEA**

INCLINACIÓN

Vertical o recta

APERTURA

Óvalo cerrado por arriba y a la derecha

CONTINUIDAD

MONÓTONA - Constante - Regularidad rígida - **LAPSO DE COHESIÓN**

GESTO TIPO

Arco - Triángulo - Arpón - Trazo inicial largo

LETRAS REFLEJAS

Hampa baja - Jamba corta - "g" bucle sin terminar, bucle inferior en triángulo
"i" punto centrado - "M" angulosa - "P" en cuadro
"t" hampa recta, firme y barra centrada, corta y normal (en presión,
dimensión y colocación) - Ovalo estrecho

FIRMA

Centrada - Con dirección horizontal - Angulosa - Con finales contenidos -
Rúbrica con trazo final encerrado, anguloso

Observación en los Tests:

Dibujos

- Armonía en la ubicación de los dibujos en la página
- Presencia de pequeñas desigualdades no de desequilibrios, desde la zona media a la superior
- Sentido de la minuciosidad y del detalle
- Continuidad en la realización de las distintas partes de los diseños
- Simetría bilateral acentuada
- Dimensión pequeña
- Acentuación de los ángulos naturales del esquema y supresión de los movimientos en curva
- Trazados rectos y tensos sin flexiones u ondulaciones
- Cierta uniformidad o regularidad de movimiento

Casa - Árbol - Persona

- Techo de menor tamaño que el resto de la casa
- Paredes y troncos rectos y paralelos
- Puerta y ventanas cerradas
- Árbol de espaldera que adopta una forma no natural
- Ramas cortadas
- Figura humana de frente, sin movimiento
- Cuello marcado, saliente
- Brazos pegados al cuerpo
- Manos pequeñas
- Bolsillos y botones

Wartegg

- Empleo de los estímulos
- Unión de las dos líneas en un solo motivo (ej.: edificios, escaleras), en el cuadro 6
- Continuación horizontal de la línea (ej.: ciudad, calles), en el 10
- Cierre del tema (ej.: útiles en general, ojos), en el 16

Bender

- Sucesión muy metódica
- Respeto por el estímulo en tamaño y forma, con una mínima rectangulación de la curva
- Dificultad en el cruce de las figuras, en las tarjetas 6 y 7
- Reproducción fiel de la 1 y 2
- Realce del rombo, en la 8

ACTIVIDAD

Definición Léxica:

Actividad: facultad de obrar. Diligencia, eficacia. Prontitud en el obrar.

Significación Psicológica:

Viabilidad de ponerse en movimiento y de actuar, fundamental para la vida.

La persona activa tiende a buscar experiencias nuevas, a poner rápidamente en marcha sus proyectos o ideas y a perseverar en los emprendimientos, a pesar de las dificultades que se le presentan.

Posee energía psíquica, un cierto monto de ansiedad, optimismo, confianza en sí, espíritu práctico y vivacidad, imprescindibles para el hacer.

Ubicación Grafológica:

ORDEN

Descuidada - Espaciada - Desproporcionada - Clara - Dirección del sobre
bien puesta y desplazada a la derecha

DIMENSIÓN

Grande - Sobrealzada - Lanzada - Creciente - Extensa - Movida - Alta - **DINA-
MOGENIADA**

FORMA

Filiforme - Angulosa - Original - Tipográfica - **SIMPLIFICADA** - Mezcla de
ángulo y curva - Escritura en guirnalda

PRESIÓN

Profunda - Firme - **NUTRIDA - ROBUSTA - HORIZONTAL** - De alto relieve

VELOCIDAD

Rápida - **RITMO REGULAR**

DIRECCIÓN

Ascendente - Horizontal

INCLINACIÓN

Inclinada - Vertical o recta

APERTURA

Abierta

CONTINUIDAD

Ligada - Irregular - **PROGRESIVA**

GESTO TIPO

Triángulo - Golpe de sable - Arpón

LETRAS REFLEJAS

"d" con bucle superior ligado a la letra siguiente, avanzando a la derecha desde el ángulo - "i" punto desplazado a la derecha, ligado a la letra siguiente, en
raya horizontal - "t" barra ligada a la letra siguiente, fuerte, ascendente
"r" con ángulos bien marcados

FIRMA

Ascendente - Situada a la derecha
Rúbrica cruzada, prolongada a la derecha en forma horizontal

Observación en los Tests:

Dibujos
- Descuido en la organización general
- Formación defectuosa de las diferentes partes del dibujo
- Desplazamiento de los mismos, desde el centro hacia la derecha
- Falta de proporción entre las distintas partes
- Ausencia de regularidad en las diversas zonas del diseño
- Trazado del cuerpo central de la figura, superior a la norma
- Realización con características poco comunes
- Formato anguloso donde debe ser curvo, con tendencia al empleo del ángulo agudo
- Huella del trazo bien definido, en el dorso del papel
- Dinamismo en los seres vivientes y en los objetos con movimiento

Casa - Árbol - Persona
- Dibujos bien plantados, con base firme
- Troncos y paredes seguros
- Puertas, ventanas y camino de acceso trabajados con énfasis
- Copa rizada, de línea continua, con precominio de la zona derecha
- Ramas centrífugas, abiertas
- Figura humana en móvil
- Piernas y pies destacados

Wartegg
- Composición de dibujos activos o que denoten energía
- Ampliación de la figura geométrica (ej.: personas, animales, vehículos), en el cuadro 4
- Entrecruzamiento de rectas (ej.: estrellas, martillo), en el 5

Bender
- Secuencia irregular
- Ubicación del primer dibujo desde el centro hacia la derecha, en el margen superior
- Distancia variable entre dibujos
- Diseño alejado del margen izquierdo
- Aumento del tamaño de algunas figuras o de parte de ellas
- Incremento del plano vertical, en la tarjeta 7
- Trazado de líneas rectas de adentro hacia fuera, en la 4 y 5
- Variación en número y tamaño de los puntos, en la 1

SEGURIDAD

<u>Definición Léxica</u>:

Seguridad: certeza, confianza, firmeza.

<u>Significación Psicológica</u>:

Ánimo, entereza, vigor y fe en sí mismo, producidos por haber tenido, desde los primeros años de vida, la suficiente estimulación y valoración personal.

Necesidad primordial del hombre para su estabilidad emocional y la conservación de su existencia.

Fundamento de su salud mental y de su estabilidad en las relaciones con los otros.

Ubicación Grafológica:

ORDEN

Clara - Legible - Cuidada - Proporcionada - **ORDENADA** - Puntos bien marcados

DIMENSIÓN

Grande - Mediana - Extensa

FORMA

Angulosa - **SIMPLIFICADA** - **EXTENDIDA** - Coligamento en ángulo

PRESIÓN

Profunda - **ROBUSTA** - Firme - De alto relieve

VELOCIDAD

Rápida - **MODERADA O PAUSADA**

DIRECCIÓN

RECTA RÍGIDA - Ascendente - **RECTILÍNEA**

INCLINACIÓN

Vertical o recta - Moderadamente inclinada o dextrógira leve

APERTURA

Abierta arriba y a la derecha

CONTINUIDAD

Regular - Constante - **PROGRESIVA**

GESTO TIPO

Arpón - Movimiento hacia la derecha - Trazo inicial recto y ascendente

LETRAS REFLEJAS

"d" hampa predominante, firme - "t" barra a 3/4, grande

FIRMA

Legible - Grande - Destacada - A la derecha - Nombre destacado - Coherencia firma / texto - Firma y rúbrica abiertas y sencillas - Sin rúbrica

Observación en los Tests:

Dibujos

- Ubicación de cada parte del dibujo en su lugar respectivo, sin
  mezcla de elementos constitutivos
- Realización del mismo sin esfuerzo especial, expresado en
  forma correcta y sin trabas en la motricidad
- Situación armoniosa de éste en el encuadre general de la
  página
- Composición con desplazamientos en sus ejes verticales
  y horizontales
- Diseño aumentado
- Trazado con huella vigorosa y gruesa
- Tendencia a endurecer las curvas formando ángulos
- Coincidencia en la estructura de los diferentes dibujos
- Motivo disciplinado, particularmente en altura y anchura

Casa - Árbol - Persona

- Dibujos apoyados sobre base firme y ubicados en el centro
  de la página
- Carencia de agregados o accesorios
- Paredes y troncos firmes
- Ventanas y puertas libres de cerraduras y rejas
- Camino de acceso a la casa
- Copa abierta
- Ramas rectangulares en tercera dimensión y abiertas
- Tronco del árbol con trazo delgado
- Ausencia de raíces
- Figura humana de frente y bien parada
- Tronco de la silueta especialmente trabajado
- Brazos y manos separados del cuerpo

Wartegg

- Diseño con movimiento a partir del estímulo (ej.: animales,
  personas), en el cuadro 1
- Unión de los puntos en una línea (ej.: montañas, luna),
  en el 7
- Respeto por las puntas (ej.: vestidos del propio sexo, templo),
  en el 14

Bender

- Sucesión ordenada
- Presencia del primer dibujo en el centro, alejado de los márgenes
- Aceptación del tamaño y forma de la tarjeta estímulo con leves variaciones
- Empleo de una considerable parte del espacio, sin superposiciones
- Aumento leve del plano vertical, en la tarjeta 7
- Buen cierre de la figura, en la 8

EGOCENTRISMO

Definición Léxica:

Egocentrismo: exagerada exaltación de la propia personalidad, hasta considerarla como centro de la atención y actividad generales.

Significación Psicológica:

El egocéntrico se siente el centro del universo y procura que todo gire en torno de sí.

Se esfuerza por abarcar el espacio psicológico en su totalidad sin dejar lugar a los demás, sea cual fuere el ámbito en que se desenvuelve.

Toda persona egoísta es egocéntrica, pero no toda persona egocéntrica es egoísta.

El egoísta y el egocéntrico se identifican en que ambos atienden desmedidamente su propio interés.

Ubicación Grafológica:

ORDEN

Predominio del cuerpo medio - Márgenes pequeños - Puntos del texto en forma de círculo

DIMENSIÓN

Grande - Muy grande

FORMA

Curva - Complicada

PRESIÓN

Superficial - Bajo relieve

VELOCIDAD

Precipitada

DIRECCIÓN

Ascendente

INCLINACIÓN

Invertida

APERTURA

Cerrada

CONTINUIDAD

Desligada - Regresiva

GESTO TIPO

Espiral - Bucle - Lazo

LETRAS REFLEJAS

"i" punto redondo

FIRMA

Invade el texto - Predominio del nombre - De letras mayores que el texto Regresiva - Rúbrica que encierra la firma

Observación en los Tests:

Dibujos

- Distribución defectuosa de dibujos, que pueden llegar a constituir una masa embrollada
- Ubicación de los mismos en el centro de la página
- Desequilibrio entre las diferentes partes con respecto a los ejes de simetría
- Tendencia a ocupar mayor espacio en zona media
- Disminución considerable de las cualidades del diseño
- Predominio del mismo sobre el espacio en blanco
- Composición de tamaño superior a lo esperado
- Trazos innecesarios y complicados que exceden lo solicitado en la consigna
- Formas raras, extravagantes
- Inadvertida intensidad del trazo en el dorso de la hoja
- Retorno o desvío hacia la izquierda de los movimientos que normalmente deberían dirigirse a la derecha

Casa - Árbol - Persona

- Casa sin camino de acceso
- Rejas en el frente
- Ventanas y puertas cerradas
- Árbol sobre colina o isla
- Copa concéntrica, acentuada en el lado izquierdo
- Doblamiento a la izquierda de la punta del tronco o de la mayor parte de las ramas
- Ojos cerrados u ocultos
- Desarrollo muscular marcado, con poca atención a la ropa
- Botones en línea media bien destacada

Wartegg

- Evitación del estímulo (ej.: ojos, pelotas), en el cuadro 2
- Irresolución de los puntos (ej.: sol, autos), en el 7

Bender

- Colocación arbitraria de las tarjetas 1 á 8 alrededor de la A
- Giro de 90º en la posición del papel o de la tarjeta
- Ejecución de los movimientos de afuera hacia adentro, en la 5
- Presencia de líneas que se chocan en los puntos de unión, en la 7 y 8

SEXUALIDAD NORMAL

Definición léxica:

Sexualidad: conjunto de condiciones anatómicas, fisiológicas y psicológicas, que caracterizan a cada sexo.

Apetito sexual: Propensión al placer carnal.

De sexo: condición por la que se diferencian los machos y las hembras en la mayoría de las especies animales y vegetales superiores.

Normal: dícese de lo que por su naturaleza, forma o magnitud se ajusta a ciertas normas fijadas de antemano.

Significación psicológica:

La sexualidad es el contacto o relación física que denota o debería denotar la forma más profunda y legítima de comunicación posible entre personas. Es el diálogo mayor.

Es normal, cuando supera las diferentes etapas de la evolución psicosexual y no incurre en conductas extrañas (sadomasoquismo, exhibicionismo, zoofilias, etc.), ni tampoco en alteraciones (frigidez, impotencia, etc.).

Ubicación Grafológica:

ORDEN
Clara

DIMENSIÓN
Mediana

FORMA
Curva en zona inferior

PRESIÓN
Firme

VELOCIDAD
Moderada o pausada

DIRECCIÓN
Horizontal o mínimamente ascendente

INCLINACIÓN
Inclinada

APERTURA
Abierta

CONTINUIDAD
Ligada - Progresiva

GESTO TIPO
Bucle - Arpón

LETRAS REFLEJAS
"g" pie sale de la zona inferior - derecha del óvalo y se une a la letra siguiente

FIRMA
Situada a la derecha - Ascendente - Predominio de curva y guirnalda De igual tamaño que el texto - Rúbrica progresiva

Observación en los Tests:

Dibujos

- Dibujos con aumentos mínimos sin desequilibrios, en la zona inferior
- Distribución correcta de espacios que propicia cierta gracia y armonía
- Trazado equilibrado
- Tamaño mediano
- Suavidad de movimientos con predominio de la curva
- Presión segura y enérgica sobre el papel
- Delineados de bordes bien delimitados
- Realización de movimientos con dirección hacia la derecha y hacia lo alto del papel

Casa - Árbol - Persona

- Chimenea trabajada pero no destacada
- Camino de acceso libre de trabas
- Ventanas con cortinas y macetas con flores
- Puerta abierta
- Contorno de la copa, ausente
- Ramas en dos direcciones y abiertas
- Presencia de frutos
- Realización completa de la figura de su propio sexo
- Ausencia de corbata, bastón, cigarrillo
- Piernas separadas
- Pies de tamaño proporcionado al resto de la figura

Wartegg

- Toque y resolución del problema (ej.: personas, animales), en el cuadro 2
- Integración de los puntos en un dibujo (ej.: música, tren y vías), en el 7
- Unión de las curvas en un mismo motivo (ej.: luna, mano), en el 15

Bender

- Sucesión irregular
- Adecuada separación entre los diseños
- Cruce apropiado entre figuras que se tocan
- Respeto por los ángulos
- Curvas adecuadamente logradas, en la tarjeta 6
- Reproducción correcta, en la 7 y 8

Rasgos más destacados

LETRA

Orden
Margen izquierdo amplio y regular
Margen derecho irregular
Margen superior estrecho

Dimensión
Pequeña
Apretada
Contenida

Forma
Ángulo y curva
Complicada
Original

Presión
Tensión floja
Profunda
Relieve alto

Dirección
Sinuosa
Serpentina

Inclinación
Inclinada con algunas letras rectas

Continuidad
Ligada
"d" óvalo separado del palote

Gesto tipo
Final corto
Bucle
Nudo

Firma
Ilegible - Ubicada del centro a la derecha - Horizontal - Con ángulo y bucle
- Complicada - De mayor tamaño que el texto - Próxima al mismo sin rozarlo

CASA

- Infantil y elemental en las formas
- Paredes disminuidas en relación con el techo
- Chimenea presente
- Puerta y ventanas cerradas, en las paredes y techos
- Sin camino de acceso
- Línea de base marcada

ÁRBOL

- Dibujo pobre y de escasa definición
- Presión floja
- Trazos finos
- Copa cerrada, achatada
- Desprovisto de ramas
- Tronco de líneas curvas e inclinado
- Ensanchado hacia la base
- Raíces ausentes
- Trazo de apoyo visible

PERSONA

- Ubicada en la zona izquierda y con leve inclinación sinistrógira
- Pequeña
- Cabeza poco desarrollada
- Boca cóncava
- Cuello presente pero no destacado
- Brazo y mano izquierdos de mayor tamaño
- Pierna y pie izquierdo con mayor presión
- Pies en distintas direcciones
- Base ausente

WARTEGG

- Estímulo, sin tocar y multiplicado reiteradamente, en el cuadro 1
- Continuación del tema con puntos, en el 7
- Líneas integradas en un mismo motivo, en el 15

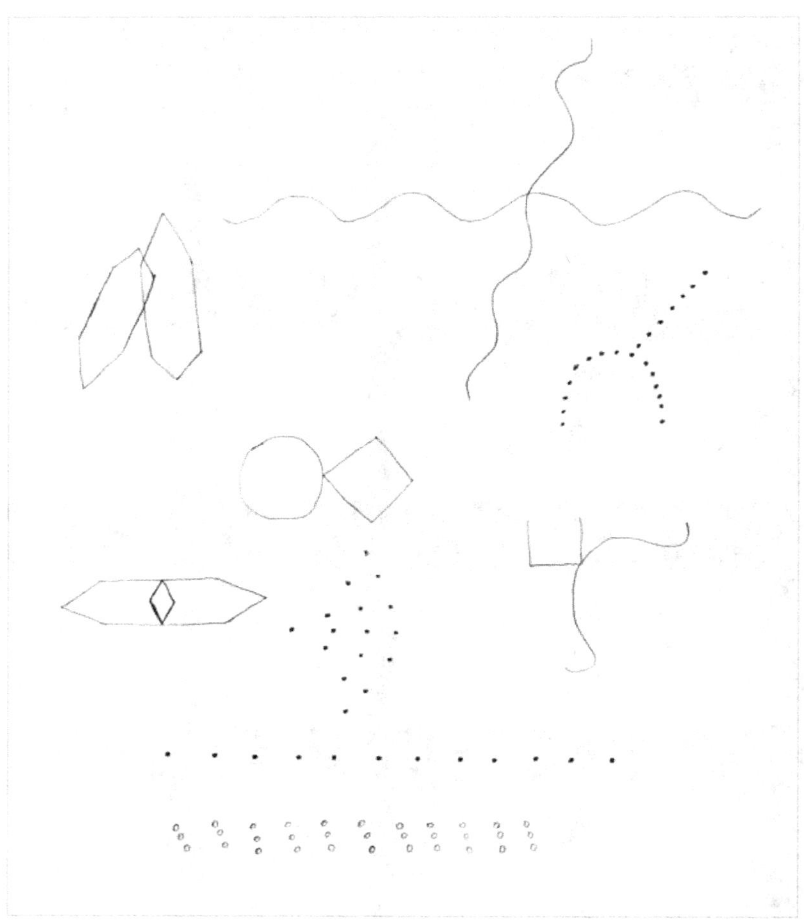

BENDER

- Secuencia confusa
- Escasa separación entre figuras
- Ubicación del primer dibujo del centro hacia la izquierda rodeado
  por el resto de las figuras
- Disminución del tamaño de las mismas en la tarjeta A, 2 y 8
- Reducción de las líneas rectas y aumento de las curvas
  en la 4
- Incremento de las curvas en la 6

Interpretación psicológica

Encontramos a una persona con dificultades para iniciar cosas nuevas, con características conservadoras que la vuelven hacia el pasado. Se observa una mayor conexión con la afectividad materna que con la paterna.

Posee cierta reticencia a los cambios y poca iniciativa. Vacila en la toma de decisiones y paraliza por momentos sus acciones. Una vez superado el temor inicial puede realizar las mismas con cierto dinamismo y constancia.

Su mayor problema es la desvalorización propia y la sobrevaloración ajena, lo que la hace sentirse en un plano inferior con respecto a los demás.

Llega a considerar que carece de las aptitudes necesarias para alcanzar sus metas u objetivos. Tiene gran temor a la equivocación, a no agradar o a quedar en ridículo y, en compensación, demuestra orgullo y amor propio.

Por esta razón necesita pensar y asegurarse antes de hacer algo; es escrupulosa en el cumplimiento de sus obligaciones y llega a ser muy responsable de sus actos, como consecuencia de un superyo severo.

Aparece sencilla, tímida, insegura con relación al futuro y está dotada de una extrema sensibilidad a la que nada le pasa inadvertido.

Es previsora y ahorrativa en dinero, tiempo y esfuerzo.

Presenta cierta desconfianza en sí misma y en los otros y puede tomar algunas actitudes egocéntricas como defensa.

Hay en ella una falta relativa de libertad para expresar espontáneamente sus emociones debido a su control afectivo. Además, éste se manifiesta reprimiendo la hostilidad y volcándola hacia sí misma.

No adolece de ambiciones.

Tiene deseos de aprobación, de reconocimiento, de reafirmar su personalidad y de lograr independencia con respecto al mundo que la rodea.

Mis manos:

Mis manos son de tamaño pequeño, prolijas, cuidadas, las cuido mucho, porque no solo las admiro, por lo que hago con ellas, sino porque siento que es una de las partes más importantes del cuerpo que tengo.

Con ellas trabajo, tallo dientes, enfilo, preparo y termino mi trabajo solo con mis manos.

Acaricio mi hija; y me expreso también con ellos.

Admiro la belleza de las manos, tanto en el hombre como en la mujer. Es lo primero que miro.

Me gustan las manos limpias, prolijas; suaves, y de mediano tamaño.

Quiero mucho mis manos, porque también con ellas de chica trabajé, haciendo muñecas; decorando cerá= =micas, armando moños de telas; tiro las cartas; y soy mecánica dental.

Rasgos más destacados

LETRA

Orden
Clara
Descuidada
Ausencia de margen izquierdo
Margen derecho menor que lo normal
Margen superior menor que el módulo
Signos de puntuación irregulares

Dimensión
Pequeña

Forma
Redondeada

Presión
Floja
Superficial

Velocidad
Moderada o pausada

Dirección
Sinuosa
Serpentina

Ascendente
Inclinación
Desigual

Apertura
Cerrada atrás

Continuidad
Desligada
Agrupada
Irregular

Gesto Tipo
Bucle
Mayúscula con golpe de látigo

Firma
Ligada - Cerca del texto
Rúbrica que encierra y tacha la firma

CASA

- Dificultad para unir los puntos de contacto de las líneas
- Rodeada por arbustos, árboles y otros elementos que no forman
  parte de la consigna
- Techo saliente con detalle de tejas y ventana
- Paredes débiles
- Ventana disminuida
- Puerta grande
- Cerca importante en la entrada

ÁRBOL

- Asimétrico
- Carente de vida
- Doblado hacia la derecha
- Copa cerrada y puntiaguda, predominante
- Ramas en raya
- Borde del papel como base

PERSONA

- Falta de equilibrio entre sus partes
- Infantil, con formas elementales y curvas
- De perfil mirando a la izquierda
- Tamaño grande
- Predominio de cabeza, nariz destacada, detalle de aros
- Transparencia en la colocación del brazo derecho
- Apoyada en el borde del papel con zona inferior sin completar

WARTEGG

- Evita tocar estímulo en los cuadros 1, 2, 3, 4, 5, 10, 11, 12, 13 y 14
- Persevera repitiendo el estímulo, en el 2
- Continúa el tema con puntos, en el 7
- Une las curvas en un motivo, en el 15

BENDER

- Ubicación del primer dibujo en el extremo superior izquierdo
- Poca separación entre figuras
- Dimensión variable de las mismas
- Disminución del tamaño de los diseños, en las tarjetas 1 y 2
- Cambios en las curvas, en la 6

Interpretación psicológica

Predomina la afectividad en su conducta y su pensamiento lógico está ligeramente disminuido.

Es una persona insegura, que padece de un gran temor a la equivocación, al fracaso, al desamparo, al desprestigio, a no ser querida, ni tenida en cuenta, ni valorada.

Se siente en un plano más bajo con respecto a los demás; tiene sensación de escasa valoración propia y de mayor valoración ajena.

Se observa una conflictiva con la figura materna y una relación de dependencia de la figura paterna.

También presenta una conducta infantil que la hace centrarse en sí misma y no poder brindarse al otro.

Demanda permanente atención. Es mayor su necesidad de recibir que su posibilidad de dar.

Puede llegar a realizar lo que los otros desean como medio para obtener un fin personal.

Tiende a satisfacer prioritariamente sus propias necesidades, dejando a un lado todo aquello que represente obligaciones y responsabilidades.

Manifiesta inestabilidad emocional, cambios en los deseos, en los sentimientos, en las ideas y en la acción.

Carece de confianza en sí misma y de fuerza suficiente para tomar decisiones de manera autónoma. Es indecisa ya que no cuenta con la iniciativa debida para enfrentar y resolver problemas.

Adolece del empuje indispensable para comenzar una actividad. Espera que la motivación parta del otro para ponerse en movimiento.

Está dominada por sus impulsos, por los otros y, por lo tanto, no puede adoptar una conducta adecuada a lo que la realidad exige.

Es sencilla, humilde, receptiva y agradable. Esto hace que los demás encuentren en ella la calidez necesaria para acercarse y sentirse cómodos.

5

ÁREA SOCIAL

Cuando nos referimos al área social consideramos que la persona es un ser que se realiza por medio de los vínculos que establece con los otros, quienes le permiten la conformación de su identidad.

Martín Buber habla de las relaciones de la persona con el mundo y las cosas, con los hombres y con el Misterio: Dios o el Absoluto.

Julio C. Labaké piensa que en la base de todas ellas está la relación del hombre consigo mismo, a partir de la cual pueden descubrirse con claridad los otros.

Sostiene que "la condición de la persona es, precisamente, la de un **ser** que **es con los otros. Es un ser relacional**. La relación dimensional es realizadora de la persona".

El conjunto de los vínculos sociales es lo que define la personalidad.

Hay un constante y cercano lazo entre individuo y sociedad.

Como seres humanos dependemos de la naturaleza, de nuestros semejantes y de la organización social para satisfacer nuestras necesidades.

La simbiosis (exagerada dependencia de otro o de otros) o el distanciamiento (indiferencia o destructividad) se consideran vínculos de tipo patológico.

Establecer con los otros una relación de amor es lo sano y lo maduro.

Fernando Onetto, en su libro *Un tiempo para pensar*, destaca la importancia del amor, al expresar que "es el reclamo profundo de nuestro ser", que "la felicidad de la persona está en realizar el amor" y que "el amor es nuestro modo más importante de trascender".

Julio César Labaké en su *Introducción a la Psicología* opina que "todos tenemos una tendencia egocéntrica muy profunda, propia de la experiencia de necesidad e inseguridad que nunca erradicaremos de nuestra condición humana". "Sólo al llegar a la experiencia de la solidaridad con los otros, que son tan humanos, valiosos y necesitados como yo, se encuentra verdaderamente la persona".

A modo de conclusión y para observar cómo las tres áreas (intelectual, afectiva y social) interactúan en forma permanente y muestran de manera completa a ese "ser en el mundo", transcribimos lo expresado por Labaké en la citada obra: "**el conocimiento racional** del hombre provoca no sólo información, sino también, **estados afectivos** que indican el agrado o desagrado, el significado de valor o disvalor que lo conocido tiene para la persona. Esto, a su vez, impulsa **la actividad** y, particularmente, **la acción voluntaria** del sujeto. Finalmente esta actividad **lo hace entrar en relación con el medio** y hace que la persona encuentre, o no, la adecuada satisfacción de sus necesidades y, por lo tanto, **su propia realización**".

Las notas distintivas trabajadas en esta área son:

- Extroversión
- Introversión
- Sociabilidad
- Independencia
- Dependencia
- Adaptación

EXTROVERSIÓN

Definición Léxica:

Extroversión: movimiento del ánimo que sale fuera de sí por medio de los sentidos.

Significación Psicológica:

Consiste en volcar la libido hacia el mundo exterior, con dificultad para conectarse consigo mismo.

Los extrovertidos son personas abiertas que, en todo momento, buscan el contacto con el medio ambiente. Demuestran una innata facilidad para las relaciones.

Ubicación Grafológica:

ORDEN
Clara - Espaciada - Legible - Margen superior y derecho pequeños o ausentes - Margen izquierdo grande o ensanchado -   Puntos y acentos bajos y a la derecha

DIMENSIÓN
Creciente - Grande - Extensa - Movida - Lanzada - **DINAMOGENIADA**

FORMA
Curva - Redondeada - Complicada - Original - Simplificada - Coligamento en guirnalda

PRESIÓN
Alto relieve - **HORIZONTAL**

VELOCIDAD
Rápida - **PRECIPITADA**

DIRECCIÓN
Ascendente - Desigual - Sinuosa

INCLINACIÓN
Moderadamente inclinada o dextrógira leve - Muy inclinada o dextrógira marcada

APERTURA
Abierta arriba y a la derecha

CONTINUIDAD
Ligada - **AGRUPADA** - **PROGRESIVA** - Mayúscula unida a la letra siguiente - Óvalo conectado al palote

GESTO TIPO
Guirnalda - Lazo - Bucle - Final horizontal lanzado y largo

LETRAS REFLEJAS
"i" punto a la derecha - "m" y "n" en forma de "u" - "s" abierta - "t" barra a la derecha

FIRMA
Sencilla - Clara - Legible - Grande - Ascendente - Dextrógira - Predominio de zona derecha - De letras mayores que el texto - Próxima al mismo
Rúbrica aislada de la firma, sencilla, inexistente, abierta

Observación en los Tests:

Dibujos

- Formación regular y sin complicaciones de los dibujos
- Separación adecuada entre los mismos con predominio del espacio en blanco sobre la zona dibujada
- Tendencia a separarse del margen izquierdo con ubicación del centro hacia la derecha
- Modificaciones en los dibujos con respecto a los modelos aprendidos, con características distintas y particulares
- Diseño de tamaño mayor que el del módulo
- Movimientos agradables, suaves, con tendencia a la curva
- Mayor grado de presión de los trazos horizontales que de los verticales
- Rasgos orientados a la derecha

Casa - Árbol - Persona

- Puertas abiertas
- Ventanas grandes, sin rejas
- Cerca ausente
- Camino de acceso ensanchado hacia fuera de la casa
- Árbol acentuado en su lado derecho
- Ramas centrífugas, paralelas, ampliadas, abiertas en todas las direcciones
- Copa con aberturas
- Cabeza hacia el frente
- Cara con rasgos bien delimitados
- Brazos abiertos, extendidos hacia adelante

Wartegg

- Apertura del arco de la circunferencia (ej.: campiña, partes del cuerpo), en el cuadro 8
- Permanencia de la línea abierta (ej.: paisaje, llanura), en el 11
- Extremidades sin cerrar e incorporación de elementos fuera del movimiento sugerido por los dos segmentos de la curva (ej.: deportes, fuego), en el 16

Bender

- Secuencia ordenada
- Distanciamiento espacial entre figuras mayor que lo correspondiente

- Separación de los márgenes
- Aumento general de algunos diseños o partes de los mismos
- Cierre apropiado en el contacto de las partes de la figura, en
  la tarjeta 8
- Cruce correcto, ausencia de garabatos o borrados, en la 6 y 7
- Dirección de las líneas de adentro hacia fuera, en la 4, 5 y 6

INTROVERSIÓN

Definición Léxica:

Introversión: acción y efecto de penetrar dentro de sí mismo, abstrayéndose de los sentidos.

Significación Psicológica:

Se trata de verter la energía psíquica hacia adentro, hacia la vida interior, con dificultad para vincularse con el medio.

Los introvertidos están abocados a su desarrollo personal y a responder a sus necesidades más profundas, lo que les permite, a la hora de las decisiones, hacerlo en forma consciente, teniendo en cuenta todas las posibilidades, sin la interferencia de las emociones.

Ubicación Grafológica:

ORDEN

Concentrada - Proporcionada - Poco espacio entre palabras - Margen izquierdo ausente, pequeño o estrechándose - Margen superior amplio- Margen derecho grande o ensanchándose - Puntos bajos - Dirección en el sobre colocada a la izquierda

DIMENSIÓN

Rebajada - Apretada - Contenida - Pequeña - Baja - Decreciente - Sobria - Muy pequeña

FORMA

Angulosa - Tipográfica - Sencilla - Caligráfica - SIMPLIFICADA - ARQUEADA - ÓVALO ESTRECHO - Coligamento en arco, en ángulo

PRESIÓN

FINA O LIGERA - DESNUTRIDA - VERTICAL

VELOCIDAD

Lenta - MODERADA O PAUSADA

DIRECCIÓN

Descendente - Horizontal

INCLINACIÓN

Invertida - Vertical o recta

APERTURA

Cerrada - Abierta por la izquierda - Cerrada con bucle

CONTINUIDAD

Desligada - AGRUPADA - CENTRÍPETA - REGRESIVA

GESTO TIPO

Arco - Triángulo - Final corto hacia la izquierda, inhibido, mesurado, descendente

LETRAS REFLEJAS

"d" óvalo separado del palote
"i" punto cerrado en ángulo, retrasado
"t" barra corta, fina, a la izquierda fuera del palote, con lazo en la base
"u" en forma de "n"

FIRMA

Sinistrógira - Centrada - Ilegible - Pequeña - Entre paralelas -
Con punto - Rasgo regresivo - Nombre anulado -
Nombre con inicial y apellido completo
Rúbrica con lazada abierta a la izquierda, tendiente al encierro, en forma de
caracol, de trazo anguloso, envolvente

Observación en los Tests:

Dibujos
- Equilibrio y proporción en las dimensiones de las diferentes partes de los mismos
- Tendencia a utilizar la zona izquierda de la hoja
- Disposición a reunir en un punto lo que puede estar separado
- Armonía general en la composición de los diseños
- Dimensión del cuerpo central menor que lo esperado
- Sustitución de curvas por ángulos
- Esquema formado por un número reducido de trazos de características esquemáticas
- Trazado continuo y de apoyo suave sobre el papel
- Mayor grado de presión en las líneas verticales que en las horizontales
- Cambio de dirección en los movimientos que deberían dirigirse a la derecha y lo hacen hacia la izquierda

Casa - Árbol - Persona
- Ventanas con rejas, persianas y cortinas
- Puerta y ventanas cerradas
- Entrada pequeña, por encima de la línea de base de la casa, sin escalones
- Cerca en el acceso
- Tronco con inclinación hacia la izquierda
- Ramas dobladas hacia el mismo lado, altas, angostas, entretejidas en forma de redes, centrípetas, pequeñas, rotas o ausentes
- Copa concéntrica
- Ramaje cubierto por una membrana
- Corteza del tronco sombreada a la izquierda
- Cabeza hacia este mismo lado
- Dificultad en la realización de los rasgos de la cara
- Brazos pegados al cuerpo, manos en los bolsillos o atrás

Wartegg

- Cierre del arco de la circunferencia con rectas (ej.: iglesia, bandera), en el cuadro 8
- Cerradura de la curva con una circunferencia u óvalo (ej.: anteojos, estrellas), en el 11
- Clausura del tema en la parte inferior y superior (ej.: frutos, flores), en el 16

Bender

- Colocación metódica
- Ubicación del primer dibujo cercano al margen izquierdo superior
- Espacio escaso entre figuras
- Diseños ubicados a lo largo del margen del papel
- Disminución general de las figuras o de parte de las mismas
- Línea recta realizada de afuera hacia adentro, en la tarjeta 5
- Reducción de curvas en forma y cantidad, en la 6

SOCIABILIDAD

Definición Léxica:

Sociabilidad: cualidad de sociable.

Sociable (adj.): naturalmente inclinado al trato y relación con las personas o que gusta de ello.

Significación Psicológica:

Disposición para establecer vínculos.

Inclinación que poseen los seres humanos para relacionarse con las personas que los rodean, en respuesta a la necesidad de comunicación que es inherente a la naturaleza humana.

Condición expansiva, abierta y accesible del sujeto, que tiene que ver con el proceso de socialización, a través del cual logra una eficiente integración en la comunidad en la que vive.

Ubicación Grafológica:

ORDEN

Clara - Organizada - Espaciada - Cuidada - Proporcionada - **ORDENADA** - Margen derecho pequeño, ausente - Margen izquierdo grande - Margen superior normal

DIMENSIÓN

Movida - Extensa - Grande - Mediana

FORMA

REDONDA - Redondeada - Tipográfica - Filiforme - Coligamentos en bucle, en guirnalda, en serpentina

PRESIÓN

Mediana - **NUTRIDA** - Relieve importante

VELOCIDAD

Rápida - **MESURADA O PAUSADA**

DIRECCIÓN

RECTILÍNEA - Mínimamente ascendente

INCLINACIÓN

Inclinada

APERTURA

Abierta arriba y a la derecha

CONTINUIDAD

Ligada - **AGRUPADA** - **PROGRESIVA** -
Mayúscula, primera letra minúscula, jamba, unidas a la letra siguiente

GESTO TIPO

Serpentina - Bucle - Lazo - Trazo inicial corto y en guirnalda -
Trazo final a la derecha, curvilíneo

LETRAS REFLEJAS

Jamba sin inflado excesivo, sin adorno, sin interrupciones o desviaciones
"d" equilibrada, óvalo unido al palote -
"g" con el final del bucle ligado a la letra siguiente
"M" en bucles, con tercera hampa mayor - "t" hampa curvada, barra baja

FIRMA

A la derecha - Con inicial del nombre y apellido completo -
Poca diferencia entre el texto y la firma -
Próxima al escrito
Rúbrica de trazo curvo, cercana a la firma, con lazada abierta a la derecha

Observación en los Tests:

Dibujos
- Diseños precisos, nítidos, delimitados, inteligibles y con pureza de trazos
- Empleo armonioso de los espacios en blanco
- Claridad entre las líneas de los diferentes diseños
- Tendencia a ocupar la zona derecha de la hoja
- Predominio de la anchura sobre la altura
- Dimensión del dibujo mayor al módulo
- Dibujos de contornos redondeados
- Vivacidad y movilidad en las expresiones de los esquemas
- Rasgos dirigidos hacia la derecha

Casa - Árbol - Persona
- Puerta abierta
- Camino de acceso presente
- Detalle de flores
- Árbol con vencimiento hacia la derecha
- Copa con contorno ondulado, arqueado y rizado
- Ramas centrífugas, de trazos curvos, redondeados, abiertas en todas direcciones
- Tronco con corteza sombreada a la derecha
- Cara de rasgos bien delimitados
- Brazos y manos abiertos
- Ropa destacada
- Cosméticos y adornos

Wartegg
- Simplicidad en el dibujo (ej.: astros, sol), en el cuadro 8
- Continuación del estímulo con curvas (ej.: ciudades, paisajes), en el 11

Bender
- Sucesión ordenada
- Distanciamiento entre los dibujos, superior a la norma
- Ausencia de choques entre las figuras o entre las partes de las mismas
- Contacto apropiado entre figuras, en las tarjetas 7 y 8
- Aumento de curvas horizontales, en la 6

INDEPENDENCIA

<u>*Definición Léxica:*</u>

Independencia: cualidad o condición de independiente. Libertad. Autonomía. Entereza, firmeza de carácter.

<u>*Significación Psicológica:*</u>

Es pensar, sentir y actuar sin buscar apoyo o colaboración de los demás, funcionando de manera autónoma, sin tener en cuenta los juicios de valor ajenos.

Cuando existe madurez psicológica, el sujeto sabe armonizar la necesidad de independencia con una buena adaptación al entorno.

Ubicación Grafológica:

ORDEN

Espaciada - Cuidada - Clara - Armonía entre el texto y el espacio en blanco - Margen superior amplio

DIMENSIÓN

Sobrealzada - Grande

FORMA

Angulosa - Original - **EXTRAÑA - ARQUEADA**

PRESIÓN

Profunda - Firme - Relieve visible

VELOCIDAD

Rápida

DIRECCIÓN

Ascendente - Horizontal

INCLINACIÓN

Moderadamente inclinada o dextrógira leve

APERTURA

Óvalo cerrado

CONTINUIDAD

Desligada

GESTO TIPO

Arpón - Triángulo

LETRAS REFLEJAS

Hampa firme - Jamba fuerte con base angulosa - Escritura en mayúscula o introduciendo alguna en el texto - "d" equilibrada - "t" barra destacada, alta

FIRMA

A la derecha - Firma de mujer casada con apellido de soltera - Alejada del texto - Rúbrica de menor tamaño que la firma, inexistente, alejada de la misma

Observación en los Tests:

Dibujos
- Preponderancia de los intervalos en blanco en la distribución de los dibujos, sin pérdida de gracia y armonía general
- Distribución ordenada de los diferentes elementos
- Tendencia a alejarse del margen izquierdo
- Trazado del cuerpo medio y superior de los distintos diseños, mayor a la medida esperable
- Disposición a realizar ángulos en las zonas en que normalmente se esperan curvas
- Composición de los dibujos con modificaciones en relación con los modelos aprendidos y con rasgos particulares
- Señal de presencia segura y sólida del lápiz sobre el papel
- Orientación de los movimientos hacia delante, espontánea, libre, abierta y sin esfuerzo

Casa - Árbol - Persona
- Paredes y troncos destacados con relación al resto de las partes
- Puertas y ventanas cerradas, con adornos
- Camino que se estrecha a medida en que se aproxima a la casa
- Cerca en la entrada
- Árbol sobre colina o isla
- Copa concéntrica
- Ramas en tercera dimensión, con orientación centrípeta
- Figura humana de pie
- Mayor trabajo en el contorno de la cabeza que en los rasgos faciales
- Brazos y manos cercanos al cuerpo

Wartegg
- Diferencias en relación con las líneas dadas y originalidad en su concepción (ej.: paracaídas, útiles), en el cuadro 3
- Falta de integración de los estímulos en una imagen (ej.: aves en vuelo, calles), en el 15

Bender
- Colocación ordenada de los dibujos
- Ubicación del primer diseño alejado del margen izquierdo
- Espacio excesivo entre los trazados
- Aumento de algunos esquemas o de alguna de sus partes
- Incremento en el plano vertical, en la tarjeta 7
- Disminución de curvas, en la 5 y 6

DEPENDENCIA

Definición Léxica:

Dependencia: subordinación a un poder mayor.

Significación Psicológica:

Necesidad permanente del auxilio o de la protección de los otros.

La persona dependiente presenta dificultad para funcionar con autonomía, enfrentar situaciones o tomar decisiones, si no cuenta con el aval suficiente de aquéllos de quienes depende afectivamente.

Como consecuencia de los inconvenientes de desprenderse de su ambiente familiar, es inmaduro y dependiente.

Ubicación Grafológica:

ORDEN

ORDENADA - Cuidada - Concentrada - Margen izquierdo pequeño, ausente - Margen derecho grande - Signos de puntuación bajos - Déficit en zona inferior

DIMENSIÓN

Rebajada - Baja - Pequeña

FORMA

Sencilla - Caligráfica - **REDONDA** - Redondeada - Coligamento en guirnalda

PRESIÓN

Floja - Superficial - Relieve bajo

VELOCIDAD

Lenta - **RETARDADA** - **MESURADA O PAUSADA**

DIRECCIÓN

Descendente

INCLINACIÓN

Invertida - Muy inclinada

APERTURA

Muy abierta arriba - Abierta a la izquierda

CONTINUIDAD

Ligada - **AGRUPADA** - **VACILANTE** - Involucionada - **REGRESIVA**

GESTO TIPO

Guirnalda - Bucle

LETRAS REFLEJAS

Mayúscula baja, sencilla, separada - "M" tercera hampa mayor - "t" hampa curva y barra baja - "H", "V", "Ll" con primer rasgo menor que el segundo

FIRMA

Muy ligada - Con nombre unido al apellido - Con nombre anulado, sólo apellido - Nombre y apellido con iniciales - Cercana al texto
Rúbrica próxima a la firma, envolvente

Observación en los Tests:

Dibujos

- Menor separación que lo normal entre el dibujo principal y sus diferentes accesorios
- Predominio del diseño sobre los espacios en blanco
- Superficie de la hoja ocupada en forma reducida
- Trazado con caracteres ovalados, curvos
- Escasa presencia de adornos o de rasgos superfluos, que en caso de figurar no son ni excéntricos ni sobreelevados
- Papel no profundizado por el trazo
- Lentitud en la ejecución de los dibujos
- Dirección con orientación descendente
- Cambio hacia la izquierda de los movimientos que deberían dirigirse hacia la derecha

Casa - Árbol - Persona

- Dibujos realizados sobre el borde de la hoja
- Camino de acceso que se ensancha a medida que se acerca a la casa
- Accesorios de tipo infantil (ej.: nubes, animales en general)
- Puertas y ventanas grandes y abiertas
- Copa aplastada, sombreada
- Ramas tubulares
- Tronco apuntalado y débil, inclinado a la izquierda o excesivamente volcado a la derecha
- Raíces numerosas, de raya doble
- Figura infantil realizada por un adulto
- Diseño sentado o acostado
- Boca cóncava y receptiva
- Botones en zona media y en los puños
- Línea que marca las articulaciones, enfatizada

Wartegg

- Multiplicación continua de puntos (ej.: frutos, hojas), en el cuadro 7
- Proyección del dibujo hacia la banda izquierda (ej.: flores, vestidos), en el 13

Bender

- Ubicación del primer dibujo en el margen izquierdo superior
- Figuras colgadas de los extremos o apoyadas en una línea central
- Espacio reducido entre los esquemas
- Disminución del tamaño general de los diseños
- Curva enfatizada, en la tarjeta 4
- Preponderancia de la curva sobre la recta, en la 5
- Instalación del rombo a la izquierda, en la 8

ADAPTACIÓN

Definición Léxica:

Adaptación: acción y efecto de adaptar o adaptarse, de acomodarse o avenirse a circunstancias, condiciones, etc.

Significación Psicológica:

Capacidad de acomodación a las pautas y normas del medio social, necesarias para la convivencia en cooperación.

Para poder adaptarse, es necesario que la persona haya tenido un grupo familiar en el cual los límites establecidos, hayan sido los adecuados.

Señala un alto grado de inteligencia sin la cual no es posible una sana supervivencia.

Ubicación Grafológica:

ORDEN
Proporcionada - Espaciada - Clara - Cuidada - Organizada - Armonía entre el texto y el espacio en blanco

DIMENSIÓN
Desigual - Mediana

FORMA
Curva - Redondeada - Original - Filiforme - **REDONDA - SIMPLIFICADA -** Coligamentos en guirnalda, en bucle

PRESIÓN
Mediana - Profunda - Relieve notorio

VELOCIDAD
Rápida

DIRECCIÓN
Serpentina - Sinuosa - Desigual

INCLINACIÓN
Desigual - Moderadamente inclinada o dextrógira leve

APERTURA
Óvalo abierto

CONTINUIDAD
Ligada - **VARIADA - PROGRESIVA -** Jamba ligada a la letra siguiente

GESTO TIPO
Bucle - Serpentina - Guirnalda

LETRAS REFLEJAS
"t" hampa recta con base curva, barra de altura media

FIRMA
A la derecha - Legible - Rúbrica con preponderancia de la curva

Observación en los Tests:

Dibujos

- Desequilibrios mínimos en las dimensiones de las diferentes partes
- Notoria preocupación estética
- Variaciones leves entre los diversos diseños
- Incremento de la anchura en relación con la altura
- Predominio de movimientos curvos
- Tendencia a simplificar las formas dando mayor énfasis al esquema básico
- Cauce o surco apreciable del lápiz, pero no muy profundo, en la hoja
- Dinamismo en los dibujos de seres vivos o de objetos en movimiento
- Inclinación orientada hacia la derecha

Casa - Árbol - Persona

- Camino de acceso ensanchado y curvo
- Puertas y ventanas de contornos ondulados
- Tronco recto, inclinado, sombreado a la derecha
- Copa nubosa
- Ramas centrífugas, curvadas, redondeadas, vencidas a la derecha
- Cara con rasgos debidamente delimitados
- Cuello presente
- Gracia en el detalle de la ropa
- Brazos y manos extendidos

Wartegg

- Composición de un dibujo en el interior del cuadrilátero (ej.: adornos, flores), en el cuadro 12
- Unión de las curvas en un mismo motivo (ej.: plantas, frutas), en el 15

Bender

- Determinación de una o dos inversiones en la colocación de los diferentes dibujos
- Ubicación del diseño en el centro, debajo del margen superior
- Aumento y disminución del tamaño de los diversos esquemas
- Entrecruzamiento apropiado, en las tarjetas 6 y 7
- Respeto por los ángulos, en la 7 y 8

Ejemplo 5

Mujer - 52 años

Rasgos más destacados

LETRA

Orden
Clara
Espaciada entre palabras
Margen izquierdo estrecho
Margen superior amplio
Margen derecho irregular
Signos de puntuación adelantados, altos, débiles

Dimensión
Mediana a pequeña

Forma
Redondeada
Predominio de curva
Sencilla

Presión
Floja
Superficial

Velocidad
Moderada

Dirección
Ascendente
Sinuosa
Serpentina

Inclinación
Moderadamente inclinada

Apertura
Cerrada por la izquierda
Abierta atrás

Continuidad
Ligada
Agrupada
Irregular

Gesto tipo
Bucle
Golpe de látigo

Letras reflejas
Mayúscula agrandada
"M" primera hampa inflada
"t" barra baja

Firma
Hacia la derecha - Con nombre
Rúbrica con ángulo

CASA

- Trazo muy tenue
- Poca delimitación figura - fondo
- Agregado de detalles innecesarios
- Tamaño grande
- Ventanas pequeñas, numerosas y sin reja
- Cerca ausente

ARBOL

- Desproporción en sus partes
- Copa concéntrica con movimientos curvos
- Ausencia de ramas
- Tronco disminuido, sombreado y débil
- Raíces numerosas, muy grandes

PERSONA

- Figura notoriamente infantil, de sexo opuesto al propio, pequeña
- Falta de apoyo o base
- Trazos con cortes
- Ojos marcados
- Nariz apenas esbozada
- Boca cóncava
- Brazos separados del cuerpo con manos difusas
- Pierna derecha más ancha que la izquierda
- Pies con orientación sinistrógira

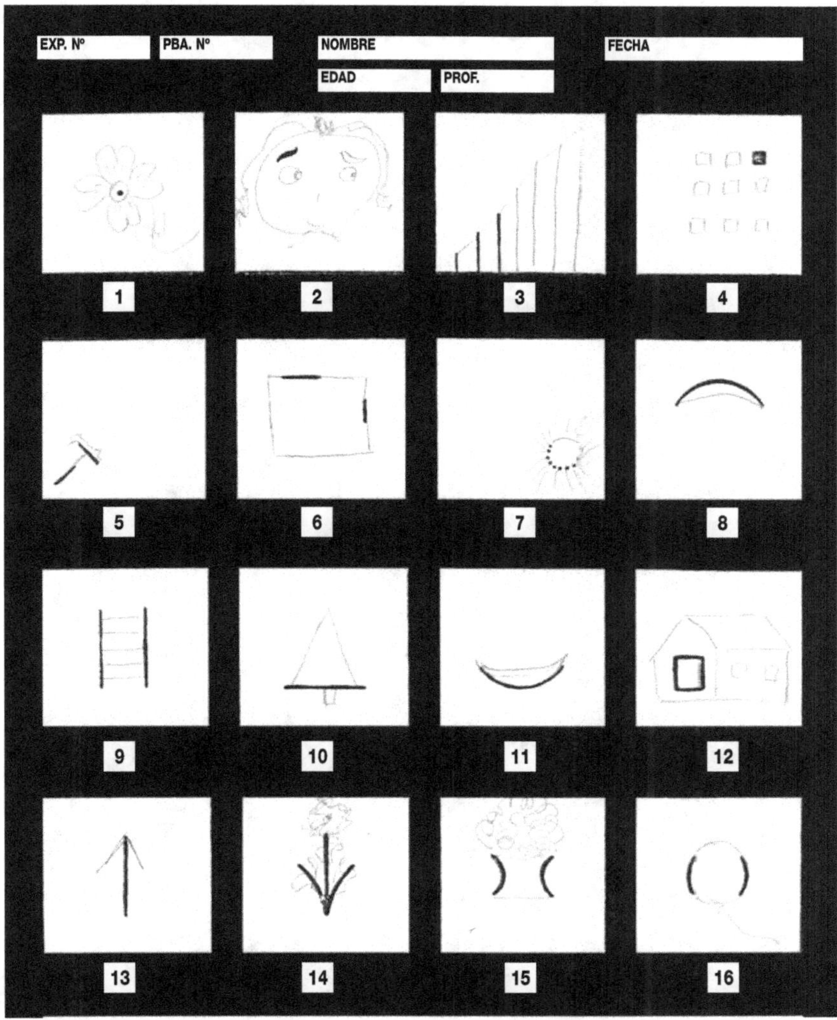

WARTEGG

- Dibujo simple
- Cierra el estímulo con trazos curvos, en el cuadro 8 y 11
- Une las líneas en un mismo motivo, en el 16

BENDER

- Ubicación de la primera figura (tarjeta A) en el centro, muy
  alejada del margen superior
- Disparidad en la distancia entre dibujos
- Aumento de separación entre puntos y círculos, en tarjetas 1 y 2
- Dificultad para cerrar los puntos de unión, en A, 4, 7 y 8
- Variada inclinación de las curvas verticales, en 6

Interpretación psicológica

Persona sociable con facilidad para crear vínculos, amable, cordial, divertida, buscada por los demás.

Practica reglas de buen gusto y cortesía.

Tiene capacidad de adaptación y se adecua con naturalidad a las normas del mundo social, lo que contribuye a su mejor integración.

Es extrovertida, comunicativa y abierta.

Las relaciones sociales que establece se caracterizan por ser triviales, insustanciales y carentes de solidez.

Cuando existe la posibilidad de un compromiso mayor que le exige un cambio, tiende a dirigir la libido hacia su propio mundo interno, como proceso defensivo, por el temor que le produce el acercamiento profundo con los demás.

Es sociable, pero la timidez, la inseguridad, la desvalorización, la inmadurez emocional, la falta de confianza en sí misma y el alto nivel de angustia, le dificultan el contacto interpersonal y la llevan a poner distancia con la otra persona y a encerrarse en sí misma y dejar su espacio que será ocupado por otro.

También establece lazos de dependencia con escasa discriminación, para buscar apoyo, sentirse segura, protegida, para compensar sus carencias afectivas y poder así enfrentar las problemáticas inherentes a la vida.

Por momentos puede ser influenciada por los que la rodean.

Su inestabilidad y su estado de ánimo cambiante, hacen que pase continuamente por momentos de encierro y de apertura, alternando entre la intro y la extroversión.

Rasgos más destacados

LETRA

Orden

Concentrada
Margen izquierdo y superior estrechos
Margen derecho algo irregular

Dimensión

Mediana

Forma
    Redondeada
    Angulosa
    Sencilla
    Coligamento en guirnalda y en ángulo

Presión
    Floja
    Profundidad media
    Relieve normal

Velocidad
    Moderada o pausada

Dirección
    Ascendente
    Sinuosa
    Serpentina

Inclinación
    Variada

Apertura
    Desigual

Continuidad
    Cohesión desigual

Gesto tipo
    Golpe de látigo
    Trazo inicial largo, en diagonal

Letras Reflejas
    "m" primera hampa curva y las restantes angulosas
    "s" en ángulo, en curva
    "d" óvalo dividido

Firma
    Ubicada del centro a la derecha - Próxima al texto -
    Rúbrica que forma ángulo

CASA

- Interrumpida por el borde izquierdo del papel
- Trazo bosquejado
- Dibujo grande y original
- Techos marcados
- Tres chimeneas, una con humo hacia la zona superior derecha
- Acceso imposible a la puerta desde el camino
- Ventanas con rejas, una de ellas colocada en el techo

ÁRBOL

- Copa con detalles enmarañados, sin contorno
- Ramas sombreadas
- Tronco remarcado, con corteza
- Base del tronco abierta
- Raíces pronunciadas

PERSONA

- Dibujo artístico
- Rasgos de la cara destacados
- Expresión de tristeza
- Perfil hacia la izquierda y hacia abajo
- Manos detrás del cuerpo o ausentes
- Pelo pronunciado
- Detalles de vestimenta, collar
- Zona inferior incompleta, interrumpida por el borde del papel

WARTEGG

- Encierra el estímulo dentro de una figura sin tocarlo, en el cuadro 2
- Cierra el tema con línea curva hacia la zona inferior, en el 8 y 11
- Une las curvas en una figura que ocupa gran parte del espacio y queda inconclusa, en el 15

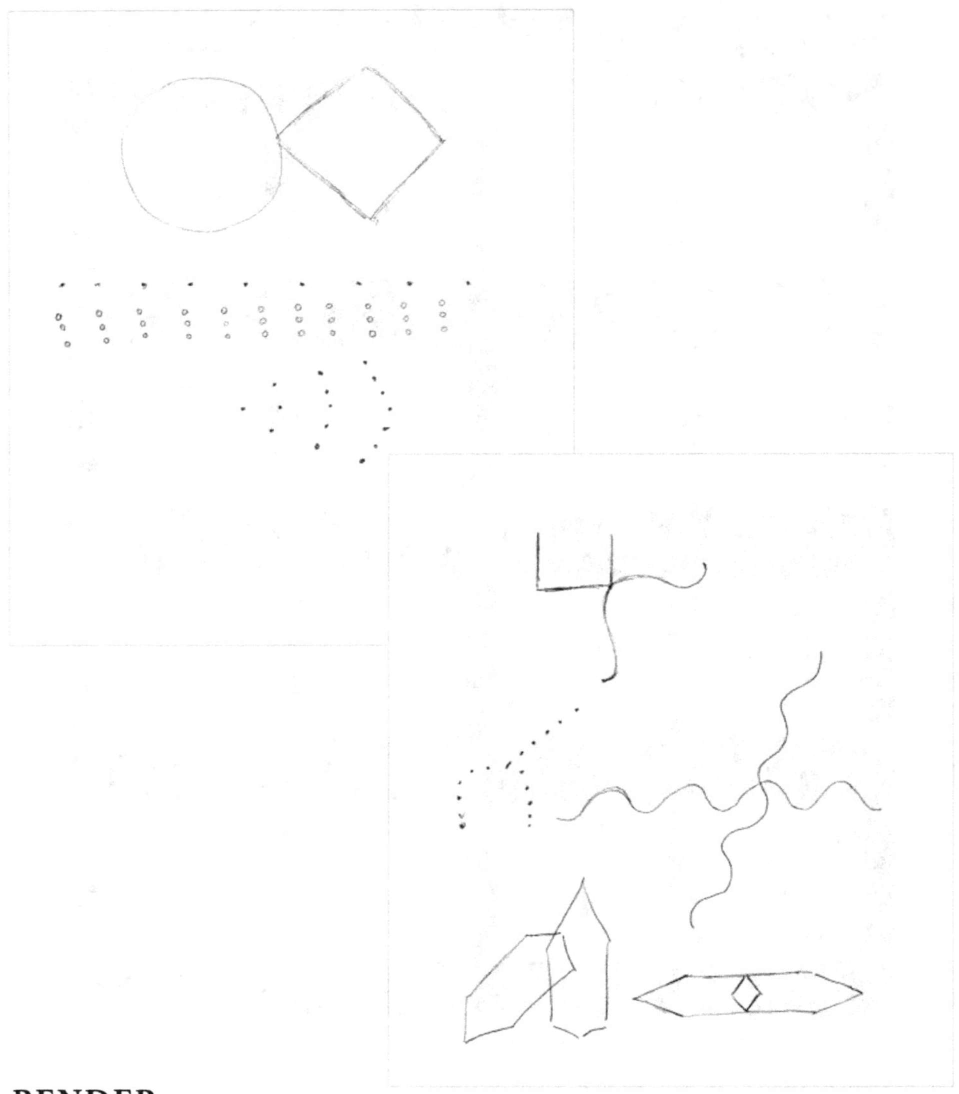

BENDER

- Primer dibujo en el centro, exageradamente grande
- Aumento de tamaño en todas las figuras
- Empleo de dos hojas
- Superposición de rombo y círculo, en la tarjeta A
- Trazo remarcado, en la A, 4, 6 y 8
- Dificultad en las uniones de las líneas, en la 7 y 8
- Irregularidad en el dibujo de los puntos, en la 1, 3 y 5

Interpretación psicológica

Se trata de una persona dependiente, que demanda en forma constante sentirse cuidada y amparada. Puede llegar a aferrarse a las relaciones cuando se encuentra contenida.

Espera el acercamiento del otro y está siempre atenta a su respuesta.

Su dificultad de separación de su núcleo familiar primario, fundamentalmente de la figura materna sobreprotectora, trae como consecuencia la imposibilidad de funcionar de manera autónoma e independiente.

Es influenciable; se deja afectar, sugestionar y, también, coartar sus pensamientos y sentimientos, por quienes, para ella, poseen autoridad, poder y peso.

Es inestable en sus vínculos sociales que son poco profundos.

Tiene una gran necesidad de ser centro, de ocupar un lugar importante en la vida ajena y de satisfacer sus propios deseos y necesidades, procurando que todo gire en torno de sí y dejando poco espacio a los demás.

Por momentos es rígida, testaruda, oposicionista. Cuando no le dan la razón en lo que hace o dice, se enoja y combate mostrándose agresiva.

Esto trae aparejado que le resulte difícil o complicado establecer lazos, moverse con soltura en los ambientes sociales e integrarse normalmente al entorno.

Aparece ansiosa, angustiada y temerosa en la determinación de relaciones interpersonales. Como defensa, prefiere retraerse sobre sí misma, antes que buscar contacto con las personas y llega, a veces, al aislamiento.

Tiende a cerrarse cuando se aproximan a su mundo interno; genera acercamientos pero impide que lleguen a un conocimiento sustancial de sí.

Se conecta más en el plano ideal que en el real. Sueña con vínculos que no concreta y tiene una desmesurada expectativa de la respuesta del otro.

Todas estas características están compensadas por su simpatía, seducción y agrado naturales, que le permiten establecer nuevos vínculos en forma permanente.

6

INFORMES GRAFOPSICOLÓGICOS COMPLETOS

Ejemplo 7

Mujer - 32 años

Rasgos más destacados

LETRA

Orden
Margen izquierdo que se ensancha progresivamente
Margen superior normal
Margen derecho irregular
Signos de puntuación irregulares

Dimensión
Mediana
Contenida

Forma
Redondeada
Sencilla
Coligamento en guirnalda

Presión
Profundidad media
Tensión mediana

Velocidad
Moderada o pausada

Dirección
Sinuosa

Inclinación
Moderadamente inclinada

Apertura
Variada

Continuidad
Ligada
Agrupada

Gesto tipo
Bucle
Arpón
Espiral
Nudo
Final corto

Letras reflejas
"m" con hampas parejas
"g" dificultad en los bucles de zona inferior

Firma
Ubicada a la derecha casi en el centro - Ilegible -
Sobrealzada - Sinistrógira

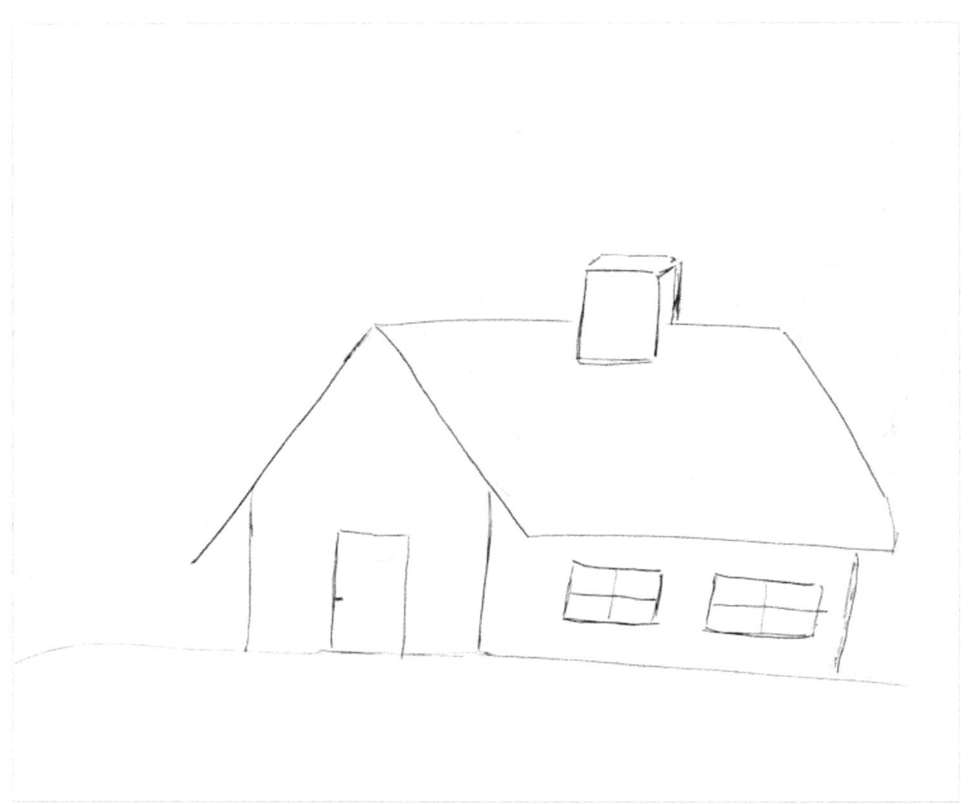

CASA

- Dibujo simple
- Ubicada del centro a la derecha
- Techo sobresaliente
- Chimenea importante
- Puerta y ventanas cerradas
- Paredes débiles
- Camino ausente

ÁRBOL

- Asimétrico
- Contorno de la copa abierto y dividido en partes
- Ramas en dirección ascendente y a la derecha, en dos dimensiones y abiertas
- Tronco y ramas con líneas interrumpidas y curvas
- Huellas en su parte media y superior
- Raíz más pronunciada en la zona derecha y de raya doble

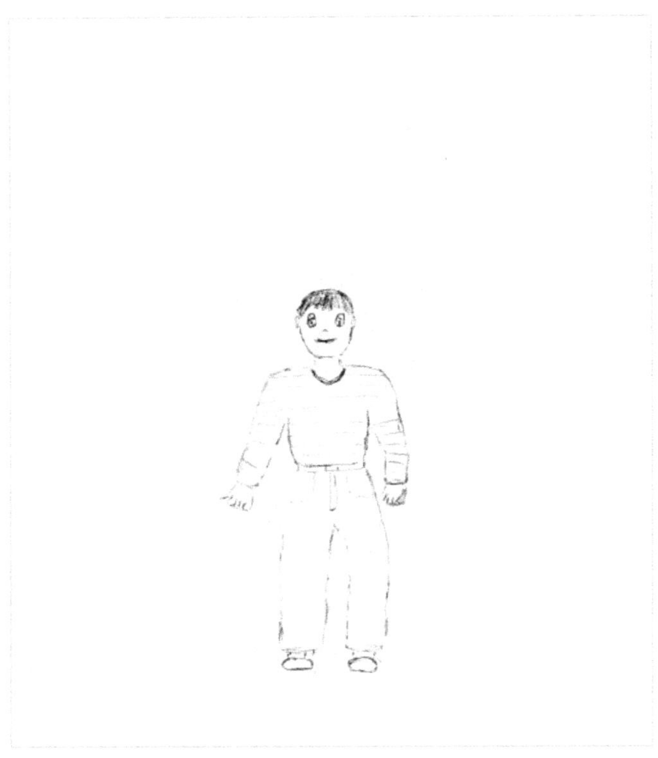

PERSONA

- Dibujo infantil sin apoyatura
- De sexo opuesto al propio
- Superficie de la hoja ocupada en forma reducida
- Trazado curvo, bosquejado
- Ropa detallada
- Cabeza pequeña
- Ojos y boca marcados, orejas visibles
- Brazo izquierdo más grande y más separado de cuerpo que el derecho
- Manos con dedos truncados o echados hacia adentro
- Bolsillos y bragueta marcados
- Piernas separadas
- Pies esbozados

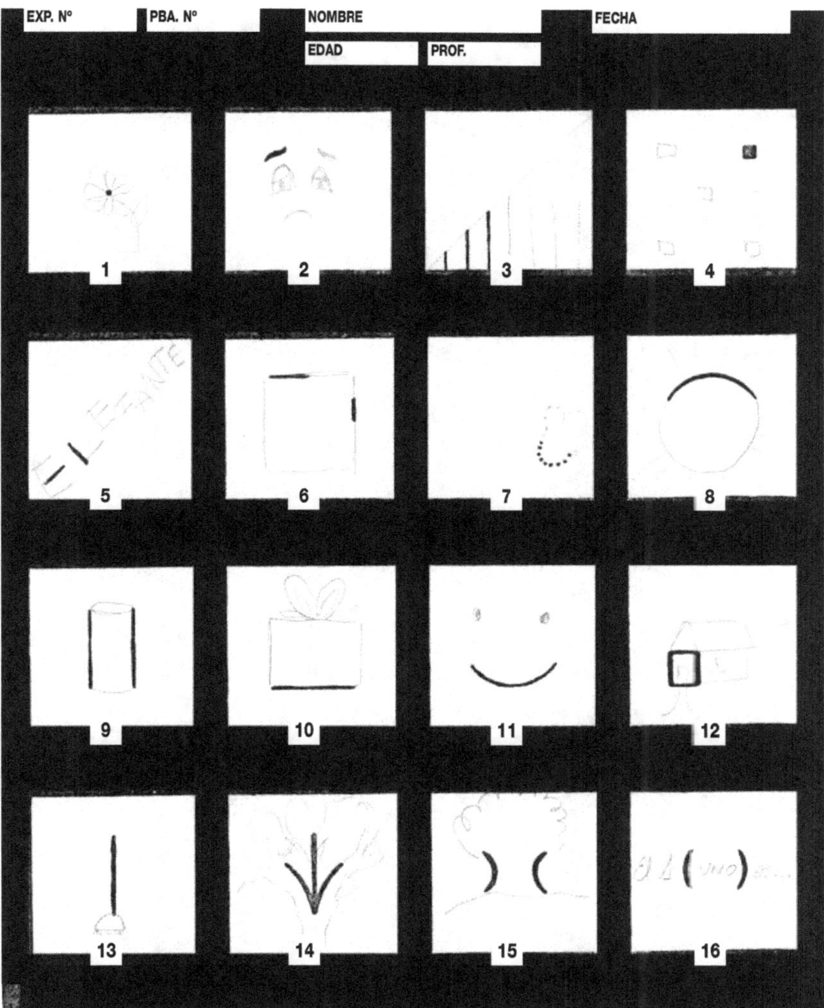

WARTEGG

- Toca el estímulo con dibujo inclinado a la izquierda en el cuadro 1
- No lo utiliza, en el 2
- Repite el tema aumentándole la altura hacia la zona superior derecha, en el 3
- Multiplica puntos, en el 7
- Cierra con movimiento circular y compone un dibujo simple, en el 8
- Deja semicírculo abierto, en el 11
- Realiza el dibujo en la zona inferior, en el 13
- Une las curvas en un motivo, en el 15

BENDER

- Secuencia irregular
- Primer dibujo, en el margen izquierdo superior
- Poco espacio entre figuras
- Aumento y disminución de los sucesivos diseños
- Alteración de rectas y curvas, en las tarjetas A, 4, 6 y 8
- Ángulo desdibujado, en la 3
- Retrogresiones, en la 3 y 5
- Dificultad de contacto, en la 7 y 8

Interpretación psicológica

Área intelectual

Su manera de manejarse en el mundo es a través del sentimiento, con claro predominio de éste sobre la razón.

Posee imaginación, creatividad, ensoñación, fantasía, y cierta limitación en cuanto a sus potencialidades.

Además, cuenta con facilidad de expresión verbal, de adaptación a las distintas situaciones y con flexibilidad en sus ideas.

Su principal modo de conocimiento de la realidad es la intuición que prevalece sobre el razonamiento.

Asocia pero con ideación limitada. El orden lógico se presenta algo alterado. Es desorganizada, confusa. Por esta causa, en algunas circunstancias, le cuesta discriminar con claridad las ideas.

Evidencia preocupación por lo concreto y práctico.

No está segura de lo que piensa. Tiene dificultad para resolver problemas, motivo por el cual busca apoyo en ideas ajenas para poder tomar decisiones.

Está abierta a los pensamientos de los otros pero cuando no escucha lo que desea, tiende a cerrarse.

La impulsividad, es decir, la reacción sin freno inhibitorio de los actos, aparece como forma de actuación, en determinados momentos.

También la caracteriza la distracción. Con frecuencia, desvía la atención hacia otros objetos, cuando aparecen estímulos que la desaplican del objetivo central.

Por otra parte, se dispersa fácilmente ya que pone la atención de manera desordenada, en múltiples direcciones, respondiendo a incentivos simultáneos.

Por estos motivos muestra una ligera dificultad para los aprendizajes y su rendimiento es menor que las posibilidades reales con las que cuenta.

Área afectiva

Presenta ciertos inconvenientes en distinguir lo que realmente siente, piensa, quiere, ambiciona y dice ser, confundiendo su identidad con la de otros, haciendo del deseo ajeno algo propio.

Se observa insuficiencia en su energía libidinal que la conduce a tener una actitud abúlica, indolente, apática, despreocupada, pasiva y a renunciar a cualquier acción que le presente oposición y le exija esfuerzo.

Carece del empuje necesario para comenzar una actividad, para tomar decisiones de manera autónoma, para enfrentar y resolver situaciones por sí misma y para gratificar sus necesidades y deseos.

Cambia en forma permanente su manera de razonar, emocionarse y obrar.

Su inestabilidad, su inseguridad, su inmadurez afectiva y su baja tolerancia a la frustración la llevan a no adoptar una conducta madura frente a la realidad y a eludir obligaciones y responsabilidades.

Adolece de la necesaria confianza en sí misma, por lo que se aferra a algo conocido para tener más seguridad y poder actuar.

Precisa que elogien su labor y comportamiento, para sentirse bien.

Se observa represión de afectos e inhibiciones en su conducta.

Puede dejarse llevar por sus emociones cuando la presión del ambiente es considerable. También, es posible que, en ocasiones, vuelque la hostilidad hacia dentro.

Es una persona sencilla en su manera de ser, altruista y sincera, con un importante grado de fiabilidad.

Área social

Es extrovertida, receptiva, abierta para establecer permanentemente nuevas relaciones, expansiva, comunicativa, accesible al trato con los demás y sensible al sentimiento y pensamiento ajenos.

Se caracteriza por la sociabilidad, por la capacidad de adaptación a las normas del ambiente y por la buena integración social, pero su timidez y temor a ser defraudada, hacen que no pueda entregarse afectivamente a las personas, en la forma espontánea que su personalidad posibilitaría.

Por consiguiente, le cuesta brindarse en las relaciones que establece. Tiene capacidad de unión afectiva con el otro pero con reservas.

No accede a los contactos afectivos profundos. Sus vínculos son de escaso compromiso. Le es difícil llegar al fondo de los mismos, pero, cuando lo logra, son intensos. Es selectiva en sus relaciones y, a veces, puede cortarlas de manera abrupta.

No está totalmente dispuesta a que cualquiera se acerque a su mundo interno.

Su reserva le impide realizar o decir ciertas cosas en el momento en que desea.

Su desconfianza es una defensa contra sus temores.

La inseguridad descripta en el área afectiva, es la base de su dependencia. Es infantil y busca en forma permanente consejo, protección, apoyo y comprensión, fundamentalmente, en figuras masculinas.

Le es más fácil la amistad con la mujer que con el hombre. En éste procura amparo.

Demanda afecto, atención y cuidado en las relaciones; necesita que le den la dosis de seguridad que no encuentra en sí misma. Tiene la sensación de no hallar el respaldo deseado.

Está a la espera de lo que el otro pueda darle y permanece atenta a lo que digan de ella. Da valor a la opinión ajena, principalmente, a la de las figuras masculinas que, como ya hemos dicho, inciden en su mundo.

Esto la lleva a ser influenciable; se deja manejar por los requerimientos y deseos ajenos. Está pendiente de los demás.

La angustia que no le presten atención y por ello tiende a una actitud de expectación y de observación, más que de compromiso. Hay en ella una inclinación a meterse para adentro.

Busca coincidir con los proyectos e ideales del otro para establecer lazos.

Le cuesta compartir sus relaciones y conectarlas entre sí. Tiende a hacer vínculos de a dos, cerrándose en cada uno de los mismos.

Se caracteriza por ser amable, bondadosa, simpática, cordial, diplomática, generosa y sincera en la manera de mostrarse.

Ejemplo 8

Mujer - 55 años

> Despertar una mañana sintiendo que todo había cambiado. Nada era igual. En un rincón del corazón presentió que la vida no era una línea recta rodeada de jazmines perfumados en donde se transitaba libremente sin peligros. Mi rostros negros acechándote. Presentimientos de niña mimada. Mi fortaleza tapaba todo aquello que empequeñecía mi corazón. Negados de negadores. Pero un día la niña despertó llorando y dejó de negar. Y vió la vida tal cual era, sus ninías sin jazmines en flor, las acacias no florecían en mayo, sino en Diciembre, vió la realidad y ese presentimiento encapsulado resurgió como un duraznero en flor y se dió cuenta que si bien no era posible mantener jazmines todo el año la vida también requería presencia en las ramas secas del otoño.

Rasgos más destacados

LETRA

Orden

Desorganizada
Descuidada
Márgenes estrechos
Margen izquierdo regular
Margen derecho irregular
Espacio ocupado en forma completa
Signos de puntuación irregulares

Dimensión
Tamaño de mediano a grande
Cresta baja
Mayúscula pequeña

Forma
Redondeada
Arqueada
Sencilla
Espontánea

Presión
Superficial
Bajo relieve

Velocidad
Moderada o pausada

Dirección
Variable (ascendente - sinuosa - serpentina)

Inclinación
Variable

Apertura
Desigual

Continuidad
Cohesión desigual

Gesto tipo
Bucle
Arpón
Óvalos grandes al final

Letras reflejas
"t" barra variable

Firma
Ausente

CASA

- Interrumpida por los márgenes derecho e izquierdo de la hoja
- Trazos débiles
- Presión floja
- Techo de mayor tamaño que las paredes con árboles superpuestos
- Chimenea presente con humo
- Puerta grande y saliente
- Ventanas numerosas y cerradas con rejas
- Plantas en la entrada
- Camino de acceso ausente

ÁRBOL

- Presión débil
- Ramas en dirección hacia la zona superior y derecha,
  generalmente cerradas y con hojas
- Rama principal de la derecha más angosta que la izquierda
- Más curvatura en rama izquierda que derecha
- Tronco poco firme ensanchado hacia la base
- Con base en el borde del papel

PERSONA

- Figura de sexo opuesto al propio
- Apoyada en un bastón
- Perfil hacia la izquierda
- Dibujo bosquejado
- Presión débil
- Cabeza pequeña
- Barba destacada
- Rasgos faciales poco nítidos
- Detalle de cruz colgante
- Brazos y manos trazados con dificultad
- Pies orientados a la izquierda

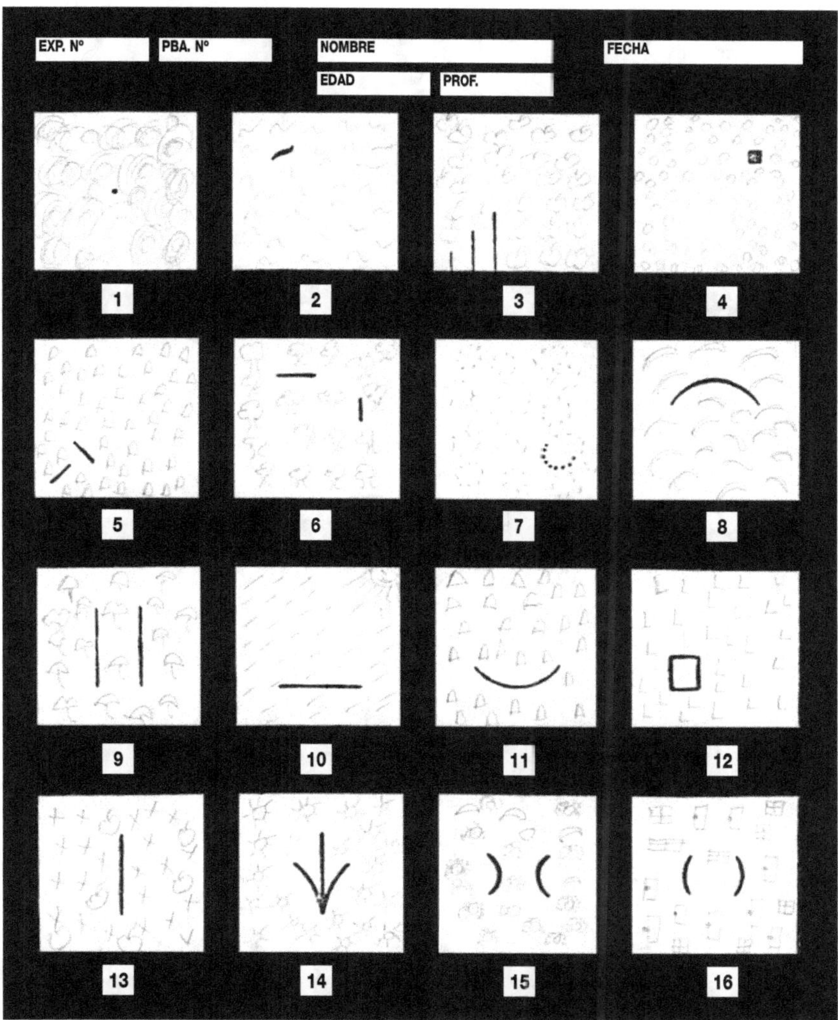

WARTEGG

- Repite dibujos minúsculos e infantiles, algunos abstractos
- Evita los estímulos
- Ocupa los cuadros en su totalidad
- Realiza espirales, en el cuadro 1
- Transforma rectas en curvas, en el 3
- Continúa con puntos, en el 7
- Cambia la dureza por movimientos curvos, en el 14
- Reemplaza curvas por rectas, en el 16

BENDER

- Secuencia ordenada
- Primer dibujo pegado al margen superior, con tendencia a la izquierda
- Trazo remarcado y achatamiento del rombo, en la tarjeta A
- Modificación del modelo, en la 3
- Retrogresiones, en la 3 y 5
- Alteración de la curva y de la inclinación de las rectas, en la 4
- Transformación de curvas, en la 6
- Brechas en los puntos de unión, en la 7 y 8

Interpretación psicológica

Área intelectual

Presenta predominio de la creatividad en sus procesos mentales. No encuentra los límites de su propia imaginación y la fantasía supera por momentos su realidad personal.

Su flexibilidad de pensamiento le permite producir trabajos artísticos con cierta frecuencia.

Registra el mundo exterior por medio de su intuición, más que a través de su reflexión. Inconscientemente, puede captar en forma nítida lo que la rodea.

Le resulta dificultoso resolver problemas en forma práctica, ya que lo afectivo predomina sobre lo intelectual.

Se destaca por su dinamismo mental, por su facilidad de expresión verbal y por su visión panorámica de las situaciones.

Presenta contradicciones en sus ideas que le impiden actuar con seguridad y llevar su rendimiento al nivel de sus potencialidades.

Tiene una buena producción laboral en cuanto a cantidad se refiere. Su calidad se ve disminuida como consecuencia de su dificultad de concentración, de orden en sus ideas, de planificación, de organización y de la impulsividad de alguno de sus actos.

Le cuesta llevar a cabo tareas que exijan paciencia, ya que no suele soportar nada que implique monotonía. Es incapaz de realizar trabajos que requieran orden y método.

Está abierta para escuchar al otro pero tiende a cerrarse en sus ideas cuando debe actuar.

Área afectiva

Cuenta con una fuerte carga emotiva. Los sentimientos afloran con naturalidad y se comporta de manera espontánea y sincera.

Es sensible, altruista, sencilla y modesta con respecto a su propia persona y tiene sentido del humor.

Demuestra una escasa fortaleza en su yo y una ligera inestabilidad emocional, que la llevan a cambiar bruscamente proyectos e ideas.

Es inmadura emocionalmente por lo que demanda una permanente atención hacia sí misma y llega a padecer inseguridad y desvalorización cuando no lo consigue.

Mantiene consigo misma luchas internas que la conducen a vacilaciones, a dudas en general, incluso en lo referente a su valía personal.

Posee un alto nivel de aspiraciones.

Se caracteriza por su ansiedad, por su permanente estado de inquietud, por su impaciencia e intranquilidad, por un bajo nivel de tolerancia a las frustraciones, todo lo cual conforma un cuadro de inseguridad que inhibe sus acciones.

La imagen que muestra no coincide con la sensación de debilidad que padece en su mundo interno.

El desarrollo de su voluntad es insuficiente, tiene un bajo grado de iniciativa y es precipitada, temerosa en la toma de decisiones. Es, además, inconstante; claudica con facilidad ante los obstáculos y tiende a dejar las cosas a medio hacer.

Reprime su hostilidad y la vuelca hacia adentro. Manifiesta actitudes defensivas como medio para contrarrestar las tendencias depresivas que surgen cuando la realidad la frustra.

La capacidad que posee es superior a la que concreta en las acciones.

Área social

Es una persona amable, extrovertida, sociable, con buena adaptación e integración social. Es abierta, expansiva ante los otros y cuenta con disposición para establecer vínculos.

Necesita del contacto con los demás para sentirse bien y procura evitar la soledad. Entabla relaciones de dependencia, fundamentalmente de figuras masculinas en las que busca apoyo y protección que la hagan sentir contenida, con invasión del espacio psicológico de los otros, y deja, por momentos, que éstos influyan en sus decisiones.

Su sociabilidad está limitada por el carácter ficticio de las relaciones, en las que intenta ponerse de parte de los interlocutores buscando la aceptación.

La necesidad de mostrarse ante los otros como exitosa, de aparecer socialmente enérgica y dominante, de impresionarlos por su madurez, guardan en el fondo una gran necesidad de reconocimiento.

Al tomar contacto con otras personas, suele idealizar los vínculos que establece con las mismas. Éstos tienen poca base en la realidad y, muchas veces, la llevan a defraudarse y perder la confianza depositada.

Manifiesta contradicciones y vacilaciones en el establecimiento de lazos sociales. Hay una lucha entre lo que desea y lo que hace, entre lo que dice y lo que siente, entre lo que muestra y lo que sufre. Presenta ante el otro una apertura que no siempre tiene.

Su imagen es de fuerza y seguridad aunque internamente busca amparo y comprensión.

A medida que se va comprometiendo con los de afuera, que establece contactos más profundos, va adoptando una actitud defensiva, de encierro en sí misma y evasiva en sus relaciones interpersonales, debido a un fondo de temor y timidez.

Cuando establece vínculos de cierta profundidad tiende a pegotearse y le cuesta poner límites al otro y discriminar su conducta de la ajena.

Y aunque es sumamente agradable y cordial en los lazos superficiales, evita la intimidad y el contacto profundo y no permite que se acerquen a ella con facilidad.

Cuando las propuestas no coinciden con sus intereses tiende a alejarse de las relaciones.

Es cambiante, y no tiene energía para mantenerlas en forma constante. De acuerdo con sus estados de ánimo pasa por períodos de unión o de alejamiento.

GLOSARIO

ACERADA:

Los trazos finales y, excepcionalmente, los trazos iniciales, terminan en forma de lezna, de punta de aguja o de puñal (V)

AGRUPADA:

1- Letras en las palabras unidas entre sí, por grupos de dos, tres o más; las letras en las palabras se desligan por sílabas o para poner una barra de T o un punto.(V)

2- Se dan agrupaciones de tres o cuatro letras. Participa de la escritura ligada y desligada. También puede haber alguna letra suelta, independiente. (ISB)

3- Las letras en la palabra aparecen agrupadas de tres en tres, aunque también pueden darse grupos de dos o cuatro letras. Participa en cierta medida de la escritura desligada y ligada, pues es una fórmula intermedia. (X)

ARQUEADA:

Letras o partes de letra en forma de bóveda o arco. Se presentan preferentemente en los trazos iniciales y en las letras "m" y "n" minúsculas.(V)

ARMÓNICA:

La armonía es una perfecta concordancia entre el movimiento, la forma y el espacio gráfico.

Las letras, sin perder su espontaneidad en el trazado y su ritmo natural, son proporcionadas, claras, bien espaciadas, y ejecutadas con un sentido natural del orden. (V)

ARTIFICIOSA:

Escritura elaborada y de ejecución lenta. Apenas existen diferencias entre el principio y el final del texto. Puede estar muy adornada. (ISB)

BLANDA:

Cuando predominan exageradamente los movimientos en curva, con déficit de presión y de dinamismo. (V)

CADENCIADA:

Proporcionada y grata distribución de los movimientos, formas y espacios gráficos. Escritura intermedia entre rítmica y monótona. (V)

CENTRÍPETA:

Movimientos encaracolados o con tendencia a volver sobre sí mismos, hacia la zona inicial. (V)

COMBINADA:

Supremo grado de evolución de la escritura organizada. Enlace de los distintos elementos gráficos mediante combinaciones originales. Muchos de los enlaces se realizan partiendo de un punto, de una barra de "t" o de un final de palabra (ligaduras anormales). Las ligaduras anormales más frecuentes son las de los puntos unidos a la letra siguiente. Esta escritura es siempre rápida y de nivel superior. (V)

COMPENSADA:

1- El insuficiente desarrollo o amplitud (altura y anchura) de los movimientos en cualquiera de las zonas del espacio gráfico se compensa mediante la expansión del gesto sobre otras zonas, generalmente opuestas. (V)

2- Equilibrio de las partes gráficas. Es la que aunque sea variada o ligeramente movida está compensada en sus gestos o movimientos altos y bajos, y también, si ponemos el texto cabeza abajo y lo alejamos algo, hallamos que hay equilibrio entre las zonas blancas y lo escrito. (X)

3- Equilibrio y armonía entre los espacios en blanco y escritos del texto. Distribución proporcionada de las partes entintadas. (ISB)

CONDENSADA:

Lo mismo que concentrada en grado superlativo. (V)

CURVA:

1- Los trazos habitualmente angulosos se suavizan y reemplazan por trazos curvos. (ISB)

2- Predomina la curva cuando se suavizan incluso las zonas obligadamente angulosas. Las letras b, r, v, etc. sin perder legibilidad, suavizan sus ángulos por gestos más suaves. (X)

DESEQUILIBRADA:

Hay inarmonía en el grafismo, dando la impresión de que no se ha respetado la regularidad del blanco ni la ocupación armónica del espacio.

Dando la vuelta al escrito y alejándolo se advierten claramente las irregularidades y desigualdades. (X)

DESNUTRIDA:

Déficit en el espesor, tensión, profundidad y dinamismo de los trazos, los cuales se caracterizan por su delgadez, falta de firmeza y fragilidad. (V)

DINAMOGENIADA:

Los movimientos avanzan sobre el espacio gráfico con fuerte impulso y amplitud y sin ninguna clase de inhibición atendiendo su fuerza dinámica. (V)

EQUILIBRADA (Presión):

Armonía en la distribución de la presión. Energía similar en los trazos horizontales y verticales. (ISB)

ESTRECHA:

Es aquella en que las letras dentro de la palabra se estrechan, se aprietan, se condensan. (X)

ESTRECHADA:

Las mayúsculas y las letras de hampa y jamba tienden a estrecharse. (V)

EXTENDIDA:

Cuando las letras de las palabras ocupan un holgado espacio y generalmente son más anchas que altas. (ISB)

EXTRAÑA:
Tipo de letra infrecuente, absolutamente personal. (ISB)

FINA o LIGERA:
Cuando el grafismo está constituido por trazos finos con signos de profundidad. (V)

FRAGMENTADA:
1- Cuando aparece en la escritura, además del completo desligado, la descomposición incluso de las letras en varios trazos. (X)
2- Letras formadas por dos o más trazos desunidos. (V)
3- Las letras están hechas en varias veces, por lo que no sólo se separan las letras en la palabra sino también los trazos de las letras. (ISB)

HORIZONTAL (Presión):
Los trazos horizontales tienen mayor grado de presión que los verticales. (ISB)

IMBRICADA ASCENDENTE:
Al comenzar cada palabra el escritor vuelve a buscar las líneas pues la parte final asciende. Produce la impresión de que la escritura trepa o salta. (ISB)

IMBRICADA DESCENDENTE:
Las letras finales de las palabras caen. (ISB)

LAPSOS DE COHESIÓN:
Este lapso consiste en la exagerada distancia que media entre el punto final de una interrupción y el punto en que se inicia de nuevo el movimiento.
El espacio en blanco existente entre una y otra letra en el interior de una palabra, es casi igual y a veces superior al intervalo de separación de las mismas palabras. (V)

LIGADURA INMATERIAL DIRECTA O CORTE INMATERIAL:
Son aquellos cortes normales en los que hay una continuidad en el enlace del final de una letra y el inicio de la siguiente. (H)

MASIVA:
Acumulación de fuerza que hace aumentar el espesor del trazo en el tramo final, ya sea en los movimientos horizontales como las barras de las "t" y finales o en los trazos verticales (hampas, jambas). (V)

MESURADA O PAUSADA:

Entre 100 y 130 palabras. Escritura bien realizada. Se sitúan debidamente los signos de puntuación. Casi nunca hay abreviaturas. (ISB)

MODERADA O PAUSADA:

Oscila entre 130 y 150 letras por minuto. Generalmente con buen orden. (V)

MONÓTONA:

1. Regularidad mecánica de trazos. Exageradas regularidades en la forma, tamaño, dirección e inclinación, que son las causas que dan regularidad y monotonía al grafismo. (X)

2. Repetición mecánica y automática de los trazos. Hay lentitud en la ejecución y falta de originalidad. La impresión general que ofrece esta escritura es de monotonía. (ISB)

NETA O LIMPIA:

1- Trazado de contornos precisos y limpios, sin pastosidad, sin dientes de cierra, sin inflexiones o torceduras, es decir firme, profundo. (V)

2- El trazo tiene los contornos bien definidos y el conjunto de la escritura ofrece un aspecto agradable, de limpieza. (ISB)

NUTRIDA:

Trazado bien alimentado de tinta (buena presión) y con un grosor aproximado, en los trazos plenos, de medio milímetro. (V)

ORDENADA

Distribución clara y ordenada de letras, palabras, líneas y márgenes. (V)

ÓVALOS APLANADOS:

Oblongos. (T)

ÓVALOS ESTRECHOS:

Más altos que anchos. (T)

PESADA O GORDA:

Escritura de trazo grueso, sin presión, sin dinamismo y sin profundidad. (V)

PLENA:

Se descubre a primera vista por sus movimientos amplios, curvos y graciosos (armonía y plenitud en la forma), por el relieve intenso del trazado y por la riqueza y originalidad con que son combinados los enlaces de las letras. (V)

PRECIPITADA:

1- Más de 200 letras por minuto. Escritura casi ilegible, que se estira en fili-forme, sustituyendo muchas letras por simples rayas. (X)

2- Se escriben más de 200 letras por minuto.

Las deformaciones del trazado son constantes, incluso se omiten partes o la totalidad de algunas letras. Generalmente es ilegible y abundan los rasgos filifor-mes. (ISB)

PROGRESIVA:

1- Movimientos dirigidos espontáneamente hacia delante, es decir, hacia la derecha y hacia lo alto del papel. (V)

2- Movimientos progresivos hacia la derecha al formar la escritura.

Reducción de los movimientos que normalmente debían ir hacia abajo o hacia la izquierda y amplificación y prodigalidad en los opuestos. (X)

RECTA RÍGIDA:

Los renglones parecen hechos con tiralíneas. La base de la escritura forma una línea inflexiblemente recta. La escritura carece de todo grado de variación. (ISB)

RECTILÍNEA:

Las líneas por lo general horizontales, siguen en su dirección una trayectoria recta.

Una escritura puede ser rectilínea y ascendente y también rectilínea y descen-dente.

Esta escritura puede presentar una rectitud moderada y también una rectitud exagerada o rígida. (V)

REDONDA:

Cuando las letras, especialmente "o", "g", etc. tienen forma circular. La redondez de los óvalos afecta también a las "m" y "n" que forman arcos y guir-naldas.(V)

REGRESIVA:

1- Cuando los movimientos internos que forman las letras se recrean en volver preferentemente a la izquierda, los movimientos que caligráficamente debían hacerse hacia arriba o hacia la derecha se invierten y vuelven sobre sí. (X)

2- Los movimientos que normalmente deberían dirigirse a la derecha retornan o se desvían hacia la izquierda y hacia abajo en dirección del yo. (V)

RETARDADA:

1- Las primeras líneas son más rápidas que las últimas. (X)

2- La persona disminuye la velocidad de su escritura a medida que avanza en el texto. Comienza a un ritmo más rápido del que termina. (ISB)

3- Lentitud de ejecución provocada por esmero excesivo, ornamentos en las letras, retoques muy frecuentes, fragmentaciones, detenciones, etc. (V)

RETOCADA:

1- Añadidos, a posteriori, en las letras o en las palabras. Estos pegotes o adiciones pueden ser en forma de fragmentos de letra, letras o palabras. Se incluyen también las tachaduras. (V)

2- Se hacen añadidos o tachaduras a posteriori. A veces, estas enmiendas favorecen la legibilidad.(ISB)

RÍGIDA (Inclinación)

Se caracteriza por la inflexibilidad en la inclinación de las letras; lo mismo da que sea vertical que inclinada o invertida. (X)

RITMO REGULAR:

Se mantiene el mismo tipo de velocidad desde el comienzo hasta el final. La impresión que ofrece es de UNIFORMIDAD. (ISB)

RITMO IRREGULAR:

La velocidad del escrito varía constantemente. (ISB)

ROBUSTA:

Escritura apoyada, tensa, firme y rápida. (V)

SIMPLIFICADA:

Forma de las letras reducidas a su mínima expresión estructural. (V)

TENSA:

Cuando los movimientos gráficos son tensos, rectos, firmes y seguros y no presentan flexiones u ondulaciones en ninguno de sus sentidos de dirección. (V)

TORCIDA:

Los trazos que deberían ser rectos, principalmente hampas y jambas, aparecen deformados por una torsión o inflexión que produce una desviación en sentido inverso a la curvatura normal. (V)

VACILANTE:

Escritura de movimientos inseguros, de trazado blando o insuficientemente firme, seguido de cambios de velocidad, de inclinación, de dirección, de forma y de cohesión. (V)

VARIADA:

1- Movilidad. Diferencias de proporción, inclinación, etc., en grado moderado y rítmico. (ISB)

2- Movilidad de los trazos. Se advierten cambios en la inclinación, dirección, forma y tamaño. (X)

VARIADA O RÍTMICA:

Movimiento espontáneo, libre, y sin trabas de la onda gráfica en todos sus aspectos. Tanto las formas como el espacio gráfico no sufren perturbaciones, detenciones o saltos bruscos. (V)

VERTICAL (Presión):

Los trazos verticales (movimientos de arriba abajo) tienen un mayor grado de presión que los horizontales. (ISB)

VIBRANTE:

Escritura que tiene una pequeña oscilación, al no tener todas las letras el mismo grado de inclinación. (ISB)

BIBLIOGRAFÍA

BELL, JOHN
Técnicas Proyectivas: Exploración de la dinámica de la personalidad, Ed. Paidós, Buenos Aires, 1957

BENDER, L
El test guestáltico viso-motor. (Versión castellana), Ed. Paidós, Buenos Aires, 1946

BLEGER, JOSÉ
Psicología de la conducta, Ed. EUDEBA, Buenos Aires, 1963

BUBER, MARTÍN
¿Qué es el hombre?, Ed. Fondo de Cultura Económica, México, 1970

CALIGOR, LEOPOLD
Nueva interpretación psicológica de los dibujos de la figura humana, Ed. Kapelusz, 1960

COBBAERT, A.M.
La Grafología, Ed. Bruguera, Barcelona, 1962

CREPIEUX JAMÍN, JULIO
A B C de la Grafología, Ed. Ariel, Barcelona, 1957

D'ALFONSO, PEDRO
La personalidad humana en los símbolos gráficos: Grafología Simbólica, Buenos Aires, 1996

D'ALFONSO, P. - BIEDMA, C.
El lenguaje del dibujo, Ed. Kapelusz, Buenos Aires, 1960

GAY, M.CRISTINA
Nuevas aportaciones clínicas al test de Bender, Ed. EUDEBA, Buenos Aires, 1979

HAMMER, EMANUEL
Tests proyectivos gráficos, Ed. Paidós, reimpresión en España, 1992
HONROTH, CURT A.
Grafología: reacciones anímicas en el gesto grafoescritural, Ed. Troquel, Buenos Aires, 1960

KOCH, KARL
Test del árbol, Ed. Kapelusz, Buenos Aires, 1962

LABAKÉ, JULIO C.
Introducción a la Psicología, Ed. Bonum, Buenos Aires, 1994

MACHOVER, KAREN
Proyección de la personalidad en el dibujo de la figura humana, Ed. Cultural, La Habana

OCAMPO, MARÍA - GARCÍA ARZENO, MARÍA - GRASSANO, ELSA y colaboradores
Las técnicas proyectivas y el proceso de psicodiagnóstico, Ed. Nueva Visión, Buenos Aires, 1974

ONETTO, FERNANDO
Un tiempo para pensar, Ed. Bonum, Buenos Aires, 1993

PICHOT, PIERRE
Los tests mentales, Ed. Paidós, Buenos Aires, 1954

PULVER, MAX
El simbolismo de la escritura, Ed.Victoriano Suárez, Madrid, 1953

RAS, MATILDE
Grafología, Ed. Labor, Barcelona, 1942

RAS, SILVIA - GUEVARA, ANGELINA
Grafología Morfológica, Ed. Paraninfo, Madrid, 1972

SÁNCHEZ BERNUY, ISABEL
Grafología: Prácticas de morfología, Ediciones Xandró, Madrid, 1995
Grafología y aplicaciones, Ediciones Xandró, Madrid, 1997

SIMÓN, JOSÉ JAVIER
El gran libro de la grafología, Ediciones Martínez Roca, Barcelona, 1992
Cómo hacer análisis grafológicos, Ediciones Martínez Roca, Barcelona, 1997

TOMATI, GRACIELA Z. - FERNÁNDEZ, RICARDO A.
La grafología como técnica proyectiva gráfica, Ed. Bonum, Buenos Aires, 1997

TUTUSAUS LOVEZ, JAIME
Principios grafoescriturales fundamentales, Ediciones Agrupación de Grafoanalistas Consultivos, Barcelona, 1997

VELS, AUGUSTO
Escritura y Personalidad, Ed. Miracle, Barcelona, 1961
Grafología estructural y dinámica, Ediciones Agrupación de Grafoanalistas Consultivos, Barcelona, 1994
Diccionario de la Grafología, Ed. Cedel, Barcelona, 1972
El lenguaje de la escritura, Ed. Miracle, Barcelona, 1949

XANDRÓ, MAURICIO
Grafología y Psicología, Ed. de Conferencias y Ensayos, Bilbao, La Habana, 1949
Grafología para todos, Ediciones Xandró, Madrid, 1993
El análisis grafológico sencillo, Ediciones Xandró, Madrid, 1996
Grafología Superior, Ed. Herder, Barcelona, 1991

ÍNDICE

Introducción 5

Capítulo I: Síntesis explicativa
de las Técnicas Proyectivas Gráficas
trabajadas en esta obra. 7

Capítulo II: De la Antropología
a las Áreas de la Conducta. 13

Capítulo III: Área Intelectual 15

Capítulo IV: Área Afectiva 63

Capítulo V: Área Social 143

Capítulo VI: Informes
grafopsicológicos completos 185

Glosario 207

Bibliografía 215

**Para consultas sobre el tema, dirigirse telefónicamente
o por correo electrónico a los autores:**

Teléfono (011) 15 5 626 0116

Correo electrónico: rafpsicografo@yahoo.com.ar

Página web: http://www.rafpsicografo.com.ar

www.ingramcontent.com/pod-product-compliance
Lightning Source LLC
Chambersburg PA
CBHW061338250726
48657CB00004B/1226